햇빛은 달콤하고,
비는 상쾌하고,
바람은 시원하며,
눈은 기분을 들뜨게 만든다.

세상에 나쁜 날씨란 없다.
서로 다른 종류의 좋은 날씨만 있을 뿐이다.

- 존 러스킨, 영국 예술평론가

KB048242

나쁜 날씨란 없다

나쁜 날씨란 없다

초판 1쇄 발행 2024년 7월 25일

지은이 김달국
편집인 옥기종
발행인 송현옥
펴낸곳 도서출판 더블:엔
출판등록 2011년 3월 16일 제2011-000014호

주소 서울시 강서구 마곡서1로 132, 301-901
전화 070_4306_9802
팩스 0505_137_7474
이메일 double_en@naver.com

ISBN 979-11-93653-08-1 (13190)

삶 의 지 혜 와 통 찰 을 위 한 인 생 명 언 206

나쁜 날씨란 없다

THERE IS NO BAD WEATHER

김달국 지음

더블:엔

책과 삶 속에서 길을 찾아다녔다.
정답은 없었지만 명언에서 삶의 해답을 찾았다.
동서고금의 성현들은 자신들이 찾은 길을 짧은 말로 남겼다.
한 마디의 말이 사람을 죽일 수도 있고 살릴 수도 있다.
한 줄의 글이 상처가 되기도 하고 희망이 되기도 한다.
한 문장의 명언이 평생의 길잡이가 될 수도 있다.

명언은 대개 한두 문장으로 압축되어 있다.
말이 짧다는 것은 핵심을 찌른다는 뜻이다.
말은 짧아도 여운은 길다.
명언은 세상을 버틸 수 있는 힘이 되고
어두운 길을 찾을 수 있는 빛이 되고
세파를 견딜 수 있는 온기가 된다.

길이 없어도 오래 다니면 길이 되듯이
명언을 가슴에 오래 품고 살면 말의 기운을 받는다.
에너지는 삶 속에서 거름이 되고 향기가 된다.

좋은 식자재라도 요리를 하지 않으면 먹을 수 없듯이
명언도 디테일을 잡지 못하면 가공하지 않은 요리와 같다.
이 책은 명언이라는 재료를 재가공하였다.
우리 몸은 206개의 뼈로 지탱하고,
대나무는 수십 개의 마디로 세찬 비바람을 견딘다.
여기 206개의 명언이 삶의 버팀목이 되어줄 것이다.
명언이 머리에만 있지 않고 삶 속에서 실천할 수 있도록 경험을
바탕으로 한 현실적인 감각으로 재구성하였다.

세상에 많은 명언이 있지만
행동으로 옮기지 못하는 것은
그것이 관념적이며 모호하여
머릿속에만 있고 가슴에 머물지 못하기 때문이다.
구체적이지 못한 것은 행동할 수 없다.
달걀을 오래 품으면 닭이 되고
타조알을 오래 품으면 타조가 되듯이
닮고 싶은 명언을 오래 품으면 그런 사람이 된다.
마음에 들어오는 명언을 몇 개라도 품어보라.
내 안에서 꽃이 필 때까지 물주고 가꾸어보라.
분명 아름다운 세상이 열릴 것이다.

2024. 7. 25
김달국

5

■ 차 례

프롤로그 ○ 4

1. 소통

001	행복한 부부의 비밀	○ 16
002	말에도 다이어트가 필요하다	○ 17
003	백 마디 말보다 비유 한 마디	○ 18
004	잘 들어주는 사람	○ 20
005	상대방이 듣고 싶어 하는 말	○ 21
006	어렵게 공부하고 쉽게 말하라	○ 22
007	타인의 마음을 얻는 일	○ 23
008	즐거운 대화를 원한다면	○ 24
009	유머의 양면성	○ 25
010	청산유수보다 자연스럽게	○ 26
011	달변보다 눌변	○ 27
012	말과 음식의 공통점	○ 28
013	지도자의 조건, 유머	○ 30
014	질문을 잘하는 사람	○ 31
015	언제 어떻게 침묵해야 하는가	○ 32
016	알아듣게 말하는 방법	○ 33
017	말투가 예쁜 사람	○ 34
018	동감 말고 공감	○ 35
019	한계를 넓히려면 언어를 바꾸라	○ 36
020	말을 해야 할 사람과 않아야 할 사람	○ 37

2. 사랑

021	짝사랑	○ 40
022	한 사람을 평생 사랑할 수 있는가	○ 41
023	첫사랑	○ 42
024	길들인 것은 책임지는 사랑	○ 43
025	시간을 내주는 것이 사랑이다	○ 44
026	내가 더 좋은 사람이 되고 싶어지게	○ 45
027	사랑에 필요한 3가지 용기	○ 46
028	성숙한 사랑과 미숙한 사랑	○ 47
029	연꽃을 사랑한다면 진흙까지 사랑하라	○ 48
030	사랑인가 침범인가	○ 49
031	여자는 무엇을 원하는가	○ 50
032	장미에게는 가시도 있다	○ 51
033	사랑은 믿고 기다리는 것	○ 52
034	사랑과 집착	○ 53
035	사랑과 결혼	○ 54
036	제대로 아는 사람이 없다	○ 55
037	미루지 마라	○ 56
038	결혼이라는 게임	○ 57
039	달라서 조화로운 삶	○ 58
040	어마어마한 두 개의 세상이 만나	○ 59
041	사랑이 감정이 아니라면?	○ 60
042	사랑의 반대말은 무관심	○ 61

3. 관계

043	적당한 거리를 둔다	○ 64
044	내 생각이 항상 옳을 수는 없다	○ 65
045	미안하다는 말은 먼저	○ 66

046 나를 위해 용서한다 ○ 67
047 스마트폰 말고 친구 한 명 ○ 68
048 문제의 절반은 나에게 있다 ○ 69
049 유유상종 ○ 70
050 칭찬 잘하는 방법 ○ 71
051 비판 할 때와 비판 받을 때 ○ 72
052 오만과 편견 ○ 74
053 다름을 인정하는 일 ○ 75
054 쉽게 붙는 불은 오래가지 않는다 ○ 76
055 스스로 오아시스가 되면 ○ 77
056 세상에서 가장 쉬운 일 ○ 78
057 세상에서 가장 어려운 일 ○ 79
058 먼저 베풀어라 ○ 80
059 약간 빈틈 있는 사람에게 마음이 간다 ○ 82
060 집착하지 않는 마음 ○ 83
061 거짓말이 더 나을 때도 많다 ○ 84
062 나쁜 사람에게 좋게 대할 필요가 있는가 ○ 85
063 내 탓이다 ○ 86
064 항상 손해를 보고 살 것 같지만 ○ 87
065 타인은 지옥인가 ○ 88

4. 행복

066 내 생애 행복하지 않은 날은 단 하루도 없었다 ○ 92
067 행복은 목표가 아니라 여정이다 ○ 93
068 소유는 늘어나는데 왜 행복하지 않은가 ○ 94
069 불행이 힘이 센 이유 ○ 95
070 일상의 기쁨 ○ 96
071 내가 먼저 행복해야 한다 ○ 97
072 행복의 모순 ○ 98

073	행복은 복합적이다	○ 99
074	행복은 삶을 대하는 태도에서 온다	○ 100
075	Just do it!	○ 101
076	건강을 잃고 행복을 생각하다	○ 102
077	까칠하게 행복에 다가가고 있는 중입니다	○ 104
078	좋은 것은 가까이 있다	○ 105
079	행복은 상상력이다	○ 106
080	행복한 사람이 일하는 모습	○ 107
081	행복하지 않은 대한민국	○ 108
082	불행한 사람들이 많은 이유	○ 110
083	기억이 안 난다면	○ 111
084	쾌락은 돈으로 살 수 있지만	○ 112
085	지금, 여기를 알아차리는 것	○ 113
086	꽃향기를 언제 맡을 것인가	○ 114
087	인생은 소풍처럼	○ 115
088	아는 것이 힘? 아는 것이 행복이다	○ 116
089	몰입 후에 오는 행복	○ 117
090	어제를 사는 사람, 내일을 사는 사람	○ 118
091	유쾌한 인생	○ 119

5. 관점

092	나쁜 날씨란 없다	○ 122
093	오리는 물속에서도 젖지 않는다	○ 123
094	비행기는 역풍에 이륙한다	○ 124
095	삶은 사소한 것에서 결정된다	○ 125
096	옛말에 틀린 말 가득하다?	○ 126
097	잔소리를 그만 듣는 법	○ 127
098	문제는 상황이 아니라 나 자신이다	○ 128
099	질문이 달라지면 삶이 달라진다	○ 129

100	디딤돌과 걸림돌의 차이	○ 130
101	잃고 난 후 비로소 알게 되는 것들	○ 131
102	스트레스를 친구로 만드는 법	○ 132
103	인생은 장애물 경기	○ 133
104	난초에 물을 줄 때	○ 134
105	꽃이 아름다운 이유	○ 135
106	부부의 성격 차이	○ 136
107	자발적 빈곤의 필요성	○ 137
108	내가 생각하는 약점이 약점이 아닐지도 모른다	○ 138
109	모방은 나쁜 것이 아니다	○ 139
110	빨리빨리 해서 남는 시간에 뭐해?	○ 140
111	선과 악의 뿌리는 하나다	○ 141
112	타성에서 벗어나는 법	○ 142
113	진정한 자유	○ 143
114	진정한 무위(無爲)	○ 144

6. 성장

115	하나의 세계를 깨뜨리는 일	○ 148
116	우리는 왜 질문하지 않는가	○ 149
117	좋은 질문이 좋은 답을 만든다	○ 150
118	왜 인문학인가	○ 152
119	어떤 책을 읽을 것인가?	○ 154
120	선문답	○ 155
121	공부하기 좋은 때	○ 156
122	글을 쓴다는 것	○ 157
123	하나만 아는 것은 위험하다	○ 158
124	헤밍웨이의 《노인과 바다》	○ 159
125	여러 번 읽는 책	○ 160
126	독서와 여행	○ 161

127	독서와 성찰	○ 162
128	학교에서 가르치지 않는 것	○ 163
129	공부를 위한 독서법	○ 164
130	독서는 문제해결능력을 키워준다	○ 166
131	머리에서 가슴까지	○ 167
132	말이 삶이 된다	○ 168
133	사고의 폭과 사유의 깊이	○ 169
134	가슴에 품고 싶은 라틴어 경구	○ 170
135	나는 나를 얼마나 알고 있는가	○ 172
136	검색에서 통섭으로	○ 173
137	노인의 꿈	○ 174
138	나이 일흔은 무엇을 해도 거리낌이 없어야	○ 176
139	친구 같은 스승, 스승 같은 친구	○ 178

7. 성찰

140	삶과 죽음을 하나로 볼 수 있다면	○ 182
141	그릇의 물도 차야 넘친다	○ 183
142	내 모습은 나의 뜻이다	○ 184
143	어디로 가는지도 모르면서 빠르게 가는 것은 위험하다	○ 185
144	왜 살아야 하는가	○ 186
145	죽음은 아무것도 아니다	○ 187
146	강물을 거슬러 오르는 연어들처럼	○ 188
147	생각을 허락하라	○ 189
148	기도	○ 190
149	내가 선택하는 고독	○ 192
150	고통을 바라보는 관점	○ 193
151	인생무상은 슬픔이 아니다	○ 194
152	작은 것이 모여 위대한 것이 된다	○ 195
153	새와 나	○ 196

154	해답을 찾아내는 삶	○ 197
155	혼자의 시간을 즐겨라	○ 198
156	중간이 어때서	○ 199
157	세상에 없는 것 5가지	○ 200
158	시간의 신비에 대한 단상	○ 201
159	철학을 하는 이유	○ 202
160	현재를 잃게 하는 것	○ 203
161	신과 함께	○ 204
162	내 운명은 내가 선택한다	○ 205

8. 감정

163	짜장면을 시키면 짬뽕이 먹고 싶고	○ 208
164	꿈은 이루어진다	○ 209
165	옛날과 달라진 것	○ 210
166	감사는 빛을 보는 자의 것	○ 211
167	흙탕물을 그대로 두면 가라앉듯이	○ 212
168	모든 불륜은 결말이 나쁘다	○ 213
169	질투를 다루는 기술	○ 214
170	이기심이라는 미덕?	○ 215
171	당신이 옳다면 화낼 필요가 없다	○ 216
172	나쁜 감정은 없다	○ 217
173	사랑에 그늘이 지면 질투	○ 218
174	집착	○ 219
175	잘하려고 할수록 왜 안 되나요	○ 220
176	마음의 이중성	○ 221
177	욕망은 끝이 없다	○ 222
178	때로는 역주행이 필요해	○ 223
179	강박관념	○ 224
180	사람은 악기와 같다	○ 225

181	후회	○ 226
182	감정과 이성의 적절한 조화	○ 228
183	슬픔에 대한 위로	○ 230

9. 자기

184	내 생각대로 살아가는 용기	○ 234
185	어제의 나보다 나아지면 돼	○ 236
186	나에게 맞는 길 찾기	○ 237
187	지나치게 맑은 물에는 고기가 살 수 없다	○ 238
188	나를 상징하는 단어	○ 239
189	삶에서 잔가지를 쳐내는 일	○ 240
190	자기다움	○ 241
191	스스로 명품이 돼라	○ 242
192	운명을 사랑하라	○ 243
193	이런 사람	○ 244
194	자신의 참모습을 찾아라	○ 245
195	다른 사람을 지나치게 의식하지 말라	○ 246
196	문제는 '약점'이 아니라 '강점을 활용하지 못하는 것'이다	○ 247
197	나를 나답게 만들어줄 질문	○ 248
198	체면이 행복의 걸림돌이다	○ 249
199	맞춤도 어렵다	○ 250
200	타인의 평가	○ 252
201	내면의 힘이 강한 사람	○ 253
202	인생이 한 편의 영화라면	○ 254
203	당신은 어떤 사람입니까?	○ 255
204	나다워지는 것	○ 256
205	나는 내가 선택한 결과	○ 257
206	나의 길을 가는 신념	○ 258

에필로그   ○ 259

1장

소통

행복한 부부의 비밀

행복한 결혼은 약혼한 순간부터 죽는 날까지
지루하지 않은 기나긴 대화를 나누는 것과 같다.

-앙드레 모루아, 프랑스 작가

◐

결혼은 사랑으로 시작되지만 결혼생활은 대화로 유지된다.
행복한 부부는 끝없이 대화를 이어가지만
불행한 가정은 대화가 없다.
대화에서 중요한 것은 정서의 교류다.
정보만 전달하는 것은 옆집 사람과도 할 수 있다.
평범한 일상에서도 상대를 배려하는 마음이 있으면 멋진 대화
를 나눌 수 있다. 배려하는 대화에는 관심과 공감, 칭찬과 유
머가 묻어나온다.
우리 집의 대화는 시트콤과 같다. 유머가 반이다. 전원에 살다
보니 꽃과 자연에 대한 이야기가 많고 가끔 책에 대한 이야기
도 한다. 공감이 부족하다는 이야기를 많이 들었는데 요즘은
많이 좋아졌다. 아내의 나이를 10살 낮추어 말했는데도 부족
해서 20살을 낮추었더니 표정이 밝아졌다. 여기까지 오는 데
많은 시간이 걸렸다.

002 말에도 다이어트가 필요하다

많은 단어로 적게 말하지 말고,
적은 단어로 많은 것을 말하라.

-탈무드

◐

"Less is more."
명료한 것이 늘 최고는 아닐지라도, 최고는 늘 명료하다. 짧다고 명언이 되는 것은 아니지만 명언은 대부분 짧은 말이다.
빌 클린턴은 "It's the economy, stupid! (바보야, 문제는 경제야!)"라는 핵심을 찌르는 말 한 마디로 대통령에 당선되었다.
말 할 때는 KISS 하라. 입을 맞추라는 것이 아니다.
"Keep It Short & Simple."
소통에서 중요한 것은 의미 있는 내용을 간결하게 말하는 것이다. 말이 길어서 문제가 된 경우는 많아도 짧아서 그런 것은 보지 못했다.
만병의 원인인 비만은 필요한 것 이상을 먹은 결과다. 말에도 다이어트가 필요하다. 촌철살인!
간결하게 말하기 위해서는 비유, 사자성어, 인용, 유머 등이 필요하다.

003 백 마디 말보다 비유 한 마디

어떤 회사를 좋아하지 않는데 그 회사에 투자하는 것은
사랑하지 않으면서 결혼하는 정략결혼과 같다.

- 워런 버핏

멋진 비유는 그 자체가 유머가 될 수도 있으며
짧지만 많은 의미를 강하게 전달할 수 있다.
"피아노를 산다고 피아니스트가 되는 것은 아니며,
아이를 낳는다고 부모가 되는 것도 아니다."
이런 비유에 누가 어떤 말을 할 수 있겠는가?
"아이에게 안전벨트를 매지 않게 하는 것은
3미터 다이빙대에서 물 없는 풀장으로 밀어넣는 것과 같다."
운전할 때 안전벨트를 매라고 몇 번 말하는 것보다
이런 말 한 마디가 더 낫다.

"내가 결혼에 대해 이야기하는 것은 마치
타이타닉호 선장이 항법을 가르치는 것이나 마찬가지다."
이혼을 세 번이나 한 토크쇼의 달인 자니 카슨의 말이다.
길게 말하면 오히려 잔소리가 되어 역효과가 날 수 있다.

독일 은행가인 헤르만 요제프 압스는
이윤에 대해 섬뜩할 만큼 확실하게 이렇게 정리한다.
"이윤이란 숨 쉬기 위한 공기만큼이나 필수적이다.
그러나 이윤만을 위해서 경영하는 것은
마치 숨쉬기 위해서만 사는 것처럼 어리석은 일이다."
"통장 확인을 자주 한다고 돈이 느는 것이 아니듯
애를 옆에서 볶는다고 공부를 잘하는 것은 아니다."
아이를 계속 공부하도록 감시하고 통제하는 부모에게
길게 말할 필요가 없다.

적절한 비유는 현상이나 사물을 직접 설명하지 않고도
간결하게 함축적으로 설명할 수 있다.

004 잘 들어주는 사람

말하는 것은 지식의 영역이고
듣는 것은 지혜의 특권이다.

-올리버 웬들 홈스, 미국 의사, 시인

◗

사람들은 말을 잘하는 사람보다
잘 들어주는 사람을 좋아한다.
그러면서도 자신은 대화를 할 때
상대의 이야기가 끝나면 무슨 말을 할지
머릿속으로 준비하고 있다.
말을 잘 들어주는 것 같이 어려운 것도 없다.
듣다가 못 참고 충고, 조언, 평가, 판단을 한다.
경청은 많은 인내심과 자제력을 필요로 한다.
끊지 않고 들어주기만 해도 된다.
답은 상대방이 알고 있다.
잘 듣는다는 것은 기술이 아닌 인격의 문제다.
나도 하고 싶은 말이 많은데
참고 끝까지 들어주는 건 정말 어렵다.

상대방이 듣고 싶어 하는 말

소통이라는 것은, 그리고 사랑이라는 것은,
지금 당신 앞에 있는 사람을
세상에서 가장 중요한 사람으로 여길 때 가능하다.
그러면 그 사람도 그것을 느끼고, 그것에 반응한다.

-아잔 브람, 《술 취한 코끼리 길들이기》

사랑은 상대가 원하는 것을 주는 것이고
대화는 상대가 원하는 것을 말하는 것이다.
대화의 주인공은 말하는 사람이 아니라 듣는 사람이다.
"말하는 자의 진의는 듣는 자의 호의로 완성된다."는 어느 현자의 말처럼 아무리 좋은 말도 상대가 들어주지 않으면 소용이 없다. 듣는 것이 어려운 데에는 말하는 사람의 책임도 있다. 듣는 사람에게 의미가 있거나 재미가 있어야 귀를 기울인다. 될 수 있으면 자신의 이야기는 짧게 하고 상대의 관심분야에 대한 이야기를 하는 것이 상대를 위하는 일이다. 그래야 관계가 오래간다. 세상에서 가장 재미없는 이야기는 내가 모르는 다른 사람의 이야기를 길게 하는 것이다. 사람들이 가장 많이 하는 것도 이런 이야기다.

006 어렵게 공부하고 쉽게 말하라

문장이 난해하고 불분명하며 모호하다는 것은
그 문장을 조립한 작가 자신이 현재 무슨 생각을 하고 있는지
모르겠다는 응석에 불과하다.

-쇼펜하우어, 독일 철학자

●

길을 아는 사람은 지름길로 가고,
본질을 아는 사람은 말을 쉽게 한다.
쉽게 말한다는 것은 쉬운 일이 아니다.
사고가 명료해야 쉽게 말할 수 있다.
전문가는 어려운 것을 쉽게 설명하는 사람이다.
전문용어 뒤에 숨지 말아야 한다.
아인슈타인은 상대성원리를 이렇게 설명했다.
"당신이 예쁜 여자와 1시간을 함께 있으면
1분처럼 느껴지겠지만,
뜨거운 난로 위에 1분 동안 앉아 있다면
1시간보다도 길게 느껴지겠죠?
그것이 상대성원리입니다."
아이나 할머니도 알아들을 수 있다.

007 타인의 마음을 얻는 일

간단하게 만들어라.
기억하게 만들어라.
시선을 끌게 만들어라.
재미있게 만들어라.

-레오 버넷, 미국 광고인

파는 것을 부끄럽게 여기는 사람이 많다.
미국 작가 다니엘 핑크는
"파는 것이 인간이다."라고 말했다.
파는 것이 부끄러운 것이 아니라
팔 수 없는 것을 파는 것이 부끄러운 것이다.
그보다 더 부끄러운 것은 팔 것이 없는 것이다.

파는 것 중에서 자신을 파는 것이 핵심이다.
양심만 남기고 다 팔아라. 그것도 비싼 값에.
말을 할 때는 물건을 파는 것처럼 하라.
간단하게, 기억하게, 시선을 끌게, 재미있게.
당신의 가격이 올라갈 것이다.

대화중에 다른 사람들을 즐겁게 만들려고 하지 않고,
오히려 이기적이게도 자기가 관심 있는 부분을
설명하는 사람들은 재치가 없는 셈이다.

-알랭 드 보통, 《프루스트가 우리의 삶을 바꾸는 방법들》

일상의 대화는 크게
정보, 지식과 지혜 그리고 즐거움으로 분류할 수 있다.
그 중에서 사람들이 가장 좋아하는 것은 무엇일까?
즐거움이다. 그런데 현실은 어떤가.
웃을 준비가 되어 있지만 웃을 거리가 없다.

외로워서 사람들을 만나지만 허전한 것은 마찬가지다.
각자 자기 이야기만 하기 때문이다.
관심이 없는데 있는 척해야 하는 것도 힘들다.
유튜브를 기웃거려 보지만 눈과 귀만 자극될 뿐
허전한 건 마찬가지다.
그래서 사람들은 유머가 있는 사람과
자신의 이야기를 잘 들어주는 사람을 좋아한다.

009 유머의 양면성

네가 하는 말이 진실이냐 아니냐만 염두에 두지 말고,
그 말을 듣는 상대가 진실을 받아들일 수 있는
사람인지도 함께 생각하라.

-세네카, 스토아 철학자

칼을 잘 쓰면 사람을 살릴 수 있지만
잘못 쓰면 죽일 수도 있다. 유머도 마찬가지다.
같은 말이라도 때와 장소와 듣는 사람에 따라
다른 결과를 가져오기 때문에 조심해야 한다.
특히 유머를 할 때 그렇다.
웃자고 하는 말에 죽자고 달려드는 사람이 있기 마련이다.
건배사는 잘하면 고품격 유머처럼 분위기를 좋게 하지만
잘못하면 부작용이 있을 수도 있다.
특히 공직자는 때와 장소를 잘 가려야 한다.
어떤 고위 공직자가 공식자리에서 '오바마' 건배를 했다.
"오빠, 바라만 보지 말고, 마음대로 해!"
그는 징계처분을 받았다.
만약 그가 '오바마'를 "오직, 바라고, 마음먹은 대로"
라고 했더라면 불행한 일은 없었을 것이다.

010 청산유수보다 자연스럽게

사람을 가장 감동시키는 것은
가슴 속에서 나오는 말이다.

-괴테

◑

말을 할 때는 자신의 기질에 맞게 표현하는 게 중요하다.
어눌하면 어눌한 대로, 더듬으면 더듬는 대로, 촌스러우면 촌
스러운 대로 자신의 기질을 살려 내용을 전달하면 듣는 사람에
게 감흥을 줄 수 있다.
아나운서나 정치인이 되는 것이 아니라면 말을 청산유수처럼
하려고 하지 말고 자신의 특성을 살려 상대의 마음을 얻는 것
이 중요하다.
말은 기술이 아니라 인격이다. 습관적으로 하는 말이나 잔머
리를 통해 나오는 말은 깊이가 없어 감동을 주지 못한다.
어떤 말인가 보다 더 중요한 것은 누가 하는 말인가이다.
명언은 내용이 좋은 말이기도 하지만 유명한 사람이 말하면 명
언이 된다.
그 사람의 내면 세계를 믿기 때문이다.

011 달변보다 눌변

진실한 말은 아름답지 않고 아름다운 말은 진실하지 않다.
선한 자는 달변이 아니고 달변인 자는 선하지 않다.
아는 자는 박식하지 않고 박식한 자는 알지 못한다.

- 노자

◐

달변이 장점만 가진 것은 아니다.
말을 청산유수같이 하는 사람에게는 끼어들 틈이 없다.
사람은 누구나 자신의 장점을 표현하고 싶고
인정받고 싶은 마음이 있는데
달변가 앞에서는 주눅 들거나 말할 기회조차 못 얻고
마음의 문을 열지 못하기도 한다.
동서고금을 막론하고 뛰어난 이들 중
어눌한 말로도 상대를 감동시킨 경우가 많다.
소크라테스는 결코 달변가가 아니지만
아테네 청년들의 마음을 흔들었다.
노자도 대변약눌(大辯若訥),
달변을 경계하고 눌변을 강조했다.
공자는 화려한 말재주를 부리는
교언영색(巧言令色)을 멀리하였다.

말과 음식의 공통점

음식은 우리의 공감대입니다.
세계적인 공감대죠.

-제임스 비어드, 미국 셰프

인간이 음식을 먹지 않고는 살 수 없듯이
말을 하지 않고 살 수 없다.
음식이 영양만 공급하는 것이 아니듯,
말은 정보만 전달하는 것이 아니다.
말은 듣기 좋아야 하고 음식은 먹기 좋아야 한다.
'재료'가 음식의 맛을 결정하듯이
'어휘'가 그 사람의 품격을 결정한다.
말과 음식에는 향기와 품격이 담겨 있어야 한다.
어떤 그릇에 담느냐에 따라 음식 맛이 다르듯이,
아무리 뜻이 좋다고 하더라도
품격이 없으면 뜻이 전달되지 않는다.
말과 음식에는 공통점이 많은데,
크게 5가지로 나눌 수 있다.

첫째, 상대에 따라 방식이 달라야 한다.

음식은 먹을 사람을 생각하면서 만들어야 하고, 말은 듣는 사람을 생각하면서 해야 한다. 대상에 따라 관심분야에 따라 쓰는 어휘가 달라야 한다.

둘째, 타이밍이 중요하다.

배가 고플 때는 뭐든지 맛있고 배가 부를 때는 아무리 좋은 음식이라도 당기지 않는다. 말은 들을 준비가 되어 있을 때 해야 한다. 아무리 의도가 좋더라도 타이밍을 맞추지 못하면 역효과가 날 수도 있다.

셋째, 적당할 때 자제력이 필요하다.

아무리 맛있는 음식이라도 과식을 하면 무리가 오고 아무리 좋은 말이라도 너무 길면 부작용이 생긴다. 적당히 먹었을 때 숟가락을 놓고, 말도 약간 부족할 때 마치는 것이 좋다.

넷째, 맛을 살리는 포인트가 있어야 한다.

음식에는 양념이, 말에는 유머가 필요하다. 양념과 유머는 적절할 때는 빛이 나지만 지나치면 오히려 본질을 흐리게 한다. 없는 듯 있어야 빛이 난다.

다섯째, 지나치면 흘려보내는 것이 좋다.

대접하는 음식을 맛있게 먹는 것이 매너이지만 그렇다고 다 먹을 수는 없다. 말을 잘 들어주는 것이 배려지만 다 들어줄 수는 없다. 상대의 말을 잘 듣되 너무 장황하거나 주제에서 벗어나면 살짝 화제를 돌리는 것도 센스다.

013 지도자의 조건, 유머

유머 감각이 없는 사람은 스프링 없는 마차와 같다.
길 위의 모든 돌멩이에 부딪힐 때마다 삐걱거린다.

-헨리 워드 비처, 미국 목사, 사회개혁가

◗

우리나라 정치 지도자에게 가장 아쉬운 것은 말의 품격과 유
머다. 같은 메시지를 전달하더라도 어떤 용어를 선택하느냐에
따라 달라진다. 말을 잘하는 미국 대통령 중에서 링컨과 레이
건을 좋아한다. 특히 부러운 것은 그들의 유머다. 상하의원이
되려면 '유머부터 배워야 한다'는 말도 있다. TV토론에서 유
머와 위트로 위기를 부드럽게 넘기는 건 물론이고 한순간에 민
심을 사로잡아 전세를 역전시키기도 한다.

유머는 단순히 재미있게 말하는 게 아니며 외워서 하는 것도
아니다. 자신을 낮추어도 문제가 안 될 정도의 인격과 상황을
반전시킬 수 있는 순발력이 있어야 한다. 이런 고품격 유머는
삶에 대한 깊은 통찰과 상황 장악력에서 나온다.

지도자의 유머는 문제를 바라보는 여유와 정서적 안정감으로
다른 사람의 마음을 얻을 수 있게 한다. 자신을 웃게 한 사람을
미워하기란 쉽지 않은 법이다.

질문을 잘하는 사람

> 믿기지 않겠지만 인간이 지닌 최고의 탁월함은
> 자기 자신과 다른 사람에 대한 질문능력이다.
>
> -소크라테스

◑

영어를 처음 배울 때

"How are you?" "I'm fine. Thank you."부터 배웠다.

그 다음에는 무슨 말을 해야 하는지 몰랐다.

그 사람의 안부가 정말 궁금할 때는 "잘 지냈어?"라고 물어서

는 안 된다. 너무 의례적인 인사다. 이런 질문 뒤에 나올 말은

뻔하다. 질문에는 두 가지가 있다.

하나는 나를 위한(내가 궁금한) 질문이며,

다른 하나는 상대를 위한 것이다.

중요한 것은 상대를 위한 질문이다.

관계를 좋게 하려면 내가 궁금한 것보다

상대가 자랑하고 싶은 것을 묻는 것이 좋다.

사진을 좋아하는 사람에게는 사진을,

여행을 좋아하는 사람에게는 여행에 대해 물으면

금방 환한 얼굴로 대답할 것이다.

015 언제 어떻게 침묵해야 하는가

언제 어떻게 말하는지 배우는 것도 중요하지만
더욱 중요한 것은 언제 어떻게 침묵해야 하는가이다.
잘못 말한 것을 후회하는 일은 많다.
하지만 침묵한 것을 후회하는 경우는 없다.

-톨스토이

◐

침묵은 아무 말도 하지 않는 것이 아니다.

그 자체가 소통의 방식이며 소리 없는 메시지다.

여백이 그림을 더욱 아름답게 하듯이

침묵이 관계를 더 부드럽게 할 때가 있다.

그리지 않아야 그려지는 그림이 있고

하지 않아야 전해지는 메시지가 있다.

침묵의 단계를 거치지 않고 나온 말은

뿌리 없는 나무와 같고 익지 않은 김치와 같다.

말은 침묵 없이 존재할 수 없다. 침묵은 배경이며 쉼표이다.

쉼표가 없다면 음악이 될 수 없는 것과 같이

침묵이라는 배경이 없다면 말에 깊이가 없다.

요즘은 침묵의 단계 없이 말이 쏟아진다.

말의 깊이도 울림도 사라졌다.

무수한 소음과 무심한 대중만이 있을 뿐이다.

016 알아듣게 말하는 방법

대화는 당신이 배울 수 있는 기술이다.
그건 자전거 타는 법을 배우거나 타이핑을 배우는 것과 같다.
만약 당신이 그것을 연습하려는 의지가 있다면,
당신은 삶의 모든 부분의 질을 급격하게 향상시킬 수 있다.

- 브라이언 트레이시, 캐나다 자기계발 작가

말한다고 상대가 알아듣는 것이 아니다.
알아듣게 말해야 한다.
상대가 받아들이지 못하면 말한 것이 아니다.
사실이 아니어서가 아니라
공감을 얻지 못해서 받아들여지지 않을 때가 많다.
공감은 머리가 아니라 가슴으로 한다.
이성이 아니라 감정이고 정서다.

말을 바꾸면 상대가 바뀌고, 세상이 바뀐다.
"Change the words, change the world."
나와 함께 하는 사람이 바뀌고 다른 세상을 원한다면
당신의 말을 바꾸어야 한다.

017 말투가 예쁜 사람

부드러운 말로 상대방을 설득하지 못하는 사람은
위엄 있는 말로도 설득하지 못한다.

-안톤 체호프, 러시아 의사, 작가

◑

말은 생각과 감정을 담는 그릇이며 씨앗이다.
같은 말이라도 말투와 태도에 따라 의미가 달라진다.
소통을 잘하는 사람일수록
비언어적인 표현의 중요성을 강조하는데
대표적으로 '메라비언의 법칙'이 있다.
"상대방에 대한 인상이나 호감을 결정하는 데 있어서
바디랭귀지는 55%, 목소리는 38%,
말의 내용은 7%만 작용한다."
말보다는 말하는 태도가 중요하고,
표정이나 몸짓은 더 중요하다.
처음에는 말 내용으로 다투다가
나중에 말투 때문에 싸우는 경우가 얼마나 많은가.
내용이 좋은 것이라면 포장도 예쁜 법이고
포장이 예쁘다면 내용도 귀하게 보인다.

018 동감 말고 공감

다른 사람의 입장에서 서서 그들의 눈을 통해
보는 법을 배우는 것이 평화의 시작입니다.
그리고 그렇게 하는 것은 당신에게 달려있습니다.
공감은 세상을 바꿀 수 있는 품성의 특징입니다.

-버락 오바마

공감이 잘 안 되는 사람들의 공통점이 있다.
공감을 동감과 잘 구분하지 못한다는 것이다.
동감은 상대방과 같은 마음이지만
공감은 굳이 상대와 입장이 같을 필요가 없다.
동감은 오랫동안 같은 생각을 하는 것이고
공감은 '너의 입장에서 그럴 수 있겠다'는 마음이지
'나의 생각이 그렇다'는 것은 아니다.

공감이 정말 힘든 것은 상대의 입장이 되어보지 않기 때문이
다. 상대방의 입장보다 내 생각을 말하면 상대에게 도움이 될
거라는 생각은 큰 착각이다.
하고 싶은 말이 있더라도 그 순간만은 상대의 젖은 신발을 신
고 있다는 느낌으로 말하는 것이 공감이다.

019 한계를 넓히려면 언어를 바꾸라

나의 언어의 한계는 나의 세계의 한계를 의미한다.

-비트겐슈타인, 오스트리아 철학자

◗

농부의 언어를 쓰면 농부의 마음이 되고,
시인의 언어를 쓰면 시인의 마음이 된다.
한계를 넓히려면 당신의 언어를 바꾸어라.
언어를 정보전달 수단으로만 사용하는 것은
언어를 가장 모욕하는 것이다.
언어는 언제나 그 사람의 지성과 지위
그리고 권력을 표시한다.
자기 수준만큼 세상을 본다.
세상에 대해서 말하는 시각, 남을 평가하는 언사는 곧
그 사람의 지적 수준과 가치를 그대로 보여준다.
사회적 지위나 품위가 있는 사람에게는
말의 내용만큼이나 형식이 중요하다.
그 사람의 생각의 폭과 깊이는
그 사람이 구사할 수 있는 언어의 한계를 넘을 수 없다.

020 말을 해야 할 사람과 않아야 할 사람

말을 해야 할 사람에게 말을 하지 않으면
그 사람을 잃을 것이고,
말하지 않아야 할 사람에게 그 말을 하면 그 말을 잃을 것이다.
지자(知者)는 사람도 말도 잃지 않는다.

-공자

공을 던질 때는 상대가 받을 준비가 되어 있어야 하듯이
말을 할 때도 상대가 들을 마음이 있는가를 살펴야 한다.
좋은 음식도 배고프지 않은 사람에게는 소용이 없듯이
좋은 말도 들을 마음이 없는 사람에게는 소용이 없다.
말은 어떤 말을 어떻게 하는가도 중요하지만
해야 할 말과 하지 말아야 할 말을 가리는 게 더 중요하다.
같은 말이라도 때와 장소, 사람에 따라 다른 결과가 오듯이
같은 말이라도 해서는 안 되는 사람이 있고,
말하지 않으면 안 되는 사람이 있다.
나의 노래를 상대가 들을 준비가 되어 있지 않을 때는 노래를
부르지 말고, 내 이야기를 들을 귀가 없을 때는 말하지 말라.
나의 말이 허공을 맴돌거나 화제가 다른 것을 향할 때,
무슨 말을 해야 좋을지 모를 때는 더 이상 말을 하지 않는 것이
말과 사람을 잃지 않는 방법이다.

2장

사랑

사랑하지 않는 것보다 짝사랑이 더 낫다는 사람도 있지만,
짝사랑은 빵의 반쪽처럼, 더 빨리 단단해지고,
곰팡이가 나기 쉽다.

-에릭 번, 캐나다 정신과의사

단테는 베아트리체를 죽도록 사랑했다.
그는 평생 딱 두 번 그녀를 만났다.
9살 때 축제 때 처음 보았고, 9년 후 길에서 우연히 만났다.
그것이 마지막 만남이었다.
6년 후 단테는 그녀가 죽었다는 소식을 들었다.
단테가 그녀를 만나지 못했다면
불후의 작품 《신곡》은 나오지 못했을 것이다.

짝사랑은 이루어질 수 없는 것에 대한 환상 같은 것인가?
짝사랑은 마음속에 숨겨둔 보물섬이다. 보물섬은 온갖 흥미로
운 이야기로 가득하지만 실체가 없는 섬이다.
보물섬이 마음속에 있을 때는 구름 같은 솜사탕이지만
실체가 드러날 때는 반 스푼도 안 되는 녹은 솜사탕이다. 그렇
지만 떠나보내고 싶지 않은 사랑 이야기다.

022 한 사람을 평생 사랑할 수 있는가

한 사람을 평생 사랑할 수 있다고 장담하는 것은
한 자루의 초가 평생 탈 수 있다고 장담하는 것과 같다.

-톨스토이

◐

머지않아 백세시대를 맞이하게 될 것이다.
한 사람과 오랫동안 같이 살려면
사랑, 이해, 공감, 배려도 중요하지만
부부관계의 변화도 중요하다.
평생을 함께 사는데 지루하지 않을 리 없다.
그것을 극복하려면 변화가 필요하다.

지혜로운 사람은 익숙한 것을 낯설게,
낯선 것을 익숙하게 볼 줄 안다.
훌륭한 음악가는 같은 곡을 매번 다른 느낌으로 연주한다.
같은 사람이라도 새로운 시각으로 보면 다른 느낌이다.
사랑은 끊임없는 발견이다.
백일홍은 백일 동안 피어 있는 것이 아니라
백일 동안 꽃들이 피고 지는 것이다.

023 첫사랑

남자들은 언제나 여자의 첫사랑이 되길 원한다.
여기에 그들의 어설픈 자만심이 있다.
반면 여자들은 좀 더 확실한 본능을 갖고 있다.
여자들이 바라는 것은 한 남자의 마지막 사랑이 되는 것이다.

- 오스카 와일드, 아일랜드 작가

잊기에는 너무 아름답고 이루어지기에는 너무 어설픈 사랑, 그것이 첫사랑이다.

첫눈이 올 때 첫사랑을 떠올릴 수 있는 사람은 마음이 따뜻한 사람이다. 첫사랑을 추억하는 것은 그 사람을 잊지 못하는 것이 아니라, 마음 설레며 보낸 젊은 날의 시간을 잊지 못하는 것이리라. 첫사랑을 그리워하는 것은 그 사람이 아니라 그 시절의 감정이며, 이루어지지 않은 것에 대한 아쉬움이 아닐까.

첫사랑은 가슴 속에 묻어두는 것이 좋다. 첫사랑을 만나는 것은 가슴 속의 비밀 창고를 열어보는 것이다. 열어보기 전까지는 기대로 가득 차 있지만 여는 순간 연기처럼 사라질지도 모른다. 소중하게 감춰둔 비밀이 빛바랜 흑백사진과 같다는 것을 알았을 때의 허망함은 무엇으로 채워야 할까.

나의 첫사랑은 언제였는지 어렴풋하다. 첫사랑이 있기나 했는지, 모든 사랑의 느낌을 첫사랑이라 생각했는지 모를 때가 있다.

024 길들인 것은 책임지는 사랑

너는 그것을 잊어서는 안 돼.
네가 길들인 것은 언제까지나 책임을 져야 한단다.
넌 네 꽃을 책임져야 해.

-생텍쥐페리, 프랑스 작가, 《어린왕자》

사랑하는 것은 좋아하는 것과 다르다.
꽃을 좋아하는 사람은 꽃을 꺾지만
꽃을 사랑하는 사람은 꽃에 물을 준다.
장미를 좋아하는 사람은 향기를 맡고 즐기지만
장미를 사랑하는 사람은 가시에 찔리면서 벌레를 잡아준다.
책임질 자신이 없으면
함부로 사랑한다는 말을 해서는 안 되며
한 번 사랑했으면 책임을 져야 한다.

좋아하는 것은 자신이 중심이지만
사랑하는 것은 상대가 중심이다.
좋아하면 그 사람으로 인해 내가 행복하지만
사랑하면 나로 인해 그 사람이 행복해지길 바란다.
주객이 전도될 때 사랑이 식는다.

025 시간을 내주는 것이 사랑이다

당신이 너무 바빠서 아이들, 아내를 위해 시간을 낼 수 없다면
당신은 그들을 사랑한다고 말할 수 없다.
사랑은 원할 때 곁에 있어주는 것이며
그를 위해 온전히 자신의 시간을 내주는 것이기 때문이다.

-틱낫한

좋아하면서 시간을 내지 않을 수는 있지만
시간을 내지 않으면서 사랑한다고 말할 수는 없다.

올 봄에 파초를 옮겨 심는 데 많은 시간과 공을 들였다.
다른 꽃보다 파초에 더 많은 사랑이 가게 되었다.
아내는 특별히 장미에 정성을 다했다.
더 예쁘게 핀 장미꽃을 보며 좋아했다.
회사생활을 할 때
주말 외에는 아이들과 함께하는 시간이 거의 없었다.
시간은 멈춘 것 같은데 어느새 아이들은 내 곁을 떠났다.
내 시간을 필요로 하는 사람이 있다는 게
부담일 때가 있었는데
지금은 삶의 의미로 다가온다.

026 내가 더 좋은 사람이 되고 싶어지게

멜빈 : 당신은 나로 하여금
더 좋은 남자가 되고 싶게 만들어요.
캐롤 : 와! 내가 지금까지 들어본 칭찬 중에 최고의 칭찬이에요.

-영화〈이보다더좋을순없다〉

가장 이상적인 인간관계는
그 사람으로 인하여 내가 더 나은 사람이 되는 것이다.
보통의 사랑은 나로 인하여
상대가 더 행복한 사람이 되게 하는 것이지만
최고의 사랑은 나로 인하여
상대가 더 나은 사람이 되게 하는 것이다.
많은 것을 줄 수 있으려면 더 나은 사람이 되어야 한다.
더 나은 사람이 되는 것이
상대에게 더 많은 행복을 줄 수 있는 확실한 길이다.

사랑은 주는 것이다. 줄 수 있는 것이 적다고 느낄 때 큰 그릇
이 되고자 하는 욕망이 생긴다.
누군가의 존재가 살아야 하는 의미가 되고, 성숙한 사람이 되
어야 하는 이유가 된다면 그를 진정으로 사랑하는 것이다.

사랑은 우리가 일반적으로 생각하는 것처럼
시작하고 끝나는 것이 아니다.
사랑은 싸움이고, 사랑은 전쟁이고, 사랑은 성장하는 것이다.

-제임스 볼드윈, 미국 작가

◐

큐피트의 화살에 맞는 순간, 사랑과 고통이 함께 자란다.
사랑을 원하면 마음속에 전쟁을 준비해야 한다.
상대에게 '사랑한다'는 말을 하는 순간
이미 전쟁은 시작된다.
사랑이 항상 달콤하고 행복한 것은 아니다.
이런 상황을 극복하기 위해서는
사랑할 때 필요한 3가지 용기도 가져야 한다.

첫째, 꾸미지 않고 있는 그대로의 나를 보여줄 수 있는 용기
둘째, 갈등을 극복하고 이별의 아픔을 감내할 수 있는 용기
셋째, 상대방의 부족함을 이해하고 받아줄 수 있는 용기
사랑하려는 사람은 아픔을 피하지 말아야 한다.
소나기가 온 다음에 무지개가 피어나듯이
행복은 아픔과 함께 온다.

028 성숙한 사랑과 미숙한 사랑

미숙한 사랑은 '당신이 필요해서 당신을 사랑한다'고 하지만
성숙한 사랑은 '사랑하니까 당신이 필요하다'고 말한다.

-윈스턴 처칠

◑

미숙한 사랑은 받는 것을 생각하지만
성숙한 사랑은 주는 것을 먼저 생각한다.
미숙한 사랑은 상대의 장점을 사랑하지만
성숙한 사랑은 상대의 단점까지 사랑한다.
미숙한 사랑은 좋을 때만 사랑하지만
성숙한 사랑은 좋아질 때까지 사랑한다.

미숙한 사랑은 필요한 조건을 갖춘 상대를 사랑하지만
성숙한 사랑은 상대가 갖춘 조건을 사랑한다.
미숙한 사랑은 상대의 현재 모습을 사랑하지만
성숙한 사랑은 과거와 미래 모습까지 사랑한다.
미숙한 사랑은 상대의 부족한 것을 먼저 보지만
성숙한 사랑은 자신의 부족한 것을 먼저 본다.

연꽃을 사랑한다면
진흙까지 사랑하라

한 남자가 한 여자를, 한 여자가 한 남자를 사랑한다는 건
상대방의 어느 한 부분만을 사랑하는 것이 아니야.
그 사람의 과거, 현재, 미래, 운명까지도 사랑하는 거야.

-TV문학관, 〈마지막 겨울〉

당신의 이상형이 세상에 있을까?
이상형은 유토피아와 같다.
백마 탄 왕자나 백설공주는 동화에서만 존재한다.
연꽃이 예쁜 것은 뿌리를 보지 못하기 때문이고,
장미가 아름다운 것은 가시를 생각하지 않기 때문이다.
연꽃을 사랑하는 사람은 진흙까지 사랑해야 한다.
장미도 마찬가지다. 장미를 사랑한다면
가시에 한두 번 찔릴 각오가 되어야 한다.
그 사람의 한 모습만 사랑하는 것이 아니라
과거와 미래, 운명까지도 사랑할 준비가 되어 있다면
그 사람이 나의 이상형이다.

사랑인가 침범인가

삶을 사랑하건, 다른 사람이나 동물, 꽃을 사랑하건 모든 사랑에
적용되는 기본 원칙이 있다. 내 사랑이 적절하고 상대의 욕망, 본성에
맞을 때만 나는 사랑할 수 있다. 적은 물을 필요로 하는 식물이라면 그
식물에 대한 사랑은 필요한 만큼만 물을 주는 것으로 표현된다.

-에리히 프롬, 《우리는 여전히 삶을 사랑하는가》

식물도 그늘에서 잘 자라는 것이 있고,
양지에서 잘 자라는 것이 있다.
물을 많이 주어야 잘 자라는 것이 있는가 하면
물을 싫어하는 것도 있다. 사람도 그렇다.

따뜻한 물을 원하는 사람에게 아이스커피를 주는 것은 사랑이
아니다. 사랑은 내가 원하는 것을 주는 것이 아니라 상대가 원
하는 것을 주는 것이다. 비혼을 선택한 아들에게 결혼을 강요
하거나, 딩크족으로 살기로 한 딸에게 자식을 강요하는 것은
침범이다.

나의 큰딸은 국제결혼해서 영국에서 살고 있고, 작은딸은 한
국인과 결혼했는데 딩크족이다. 나의 뜻과 다르지만 그들의
뜻을 존중했다. 그것이 사랑이라고 생각한다.

결코 답할 수 없었던 위대한 질문,
30년간 연구했음에도 내가 대답할 수 없는
그 질문은 '여자는 무엇을 원하는가'이다.

-지그문트 프로이트

사랑은 올바른 대상을 찾기만 하면 저절로 되는 것이 아니다.
그리기를 배우지도 않고 소재만 찾는다고
제대로 그릴 수 없는 것과 같다.
저명한 심리학자인 프로이트가 여자의 마음을 잘 몰랐다면
이해가 되지 않을 것이다.
당대 최고의 지성과 미모를 겸비한 루 살로메에게
프로포즈를 했지만 사랑을 이루지 못했다.
니체와 릴케도 그녀로부터 사랑의 상처를 받았다.

사랑은 평생 배워야 할 기술이다.
이론만으로는 한계가 있고
기술만으로는 부족한 그 무엇이 있다.
그것은 평생 풀어야 할 화두이다.
나는 40년 가까이 배우고 있지만 아직도 서툴다.

032 장미에게는 가시도 있다

너의 장미꽃이 그토록 소중한 것은
그 꽃을 위해 네가 길들인 시간 때문이야.

-생텍쥐페리,《어린왕자》

◐

장미는 사랑이다. 사랑을 고백할 때 장미를 선물한다.
장미는 아름답다. 장미는 열정이다.
자신의 색깔과 향기를 마음껏 뿜어낸다.
한 번 핀 꽃은 오래 간다.
장미는 모순이다.
장미에게는 예쁜 꽃만 있는 것이 아니라 가시도 있다.
장미꽃과 가시를 따로 생각할 수가 없다.
장미에게 가시가 있다고 해서
그 꽃의 아름다움이 줄어드는 것이 아니라
오히려 가시로 인해 꽃이 더욱 아름답게 느껴진다.
우리의 삶도 마찬가지다. 삶이 있으면 죽음이 있고,
사랑이 있으면 이별이 있다.
장미는 세상의 모순을 받아들일 때
더욱 아름다워진다는 것을 우리에게 알려준다.

033 사랑은 믿고 기다리는 것

당신은 움츠리기보다
활짝 피어나도록 만들어진 존재입니다.

- 오프라 윈프리, 미국 방송인

◐

아이들이 처음 영어를 배울 때
BE동사와 DO동사를 구분하지 못하고,
3인칭 단수 현재형 동사에 s를 붙이지 못해 꾸중했었다.
지금은 나보다 영어를 훨씬 더 잘한다.
아들이 졸업하고 몇 번 면접을 보았지만 번번이 떨어졌다.
꼭 될 것 같았는데 떨어진 곳도 여러 번 있었다.
처음에는 느긋했지만 자꾸 떨어지니 조바심이 났다.
풀이 죽어있는 아들에게 말했다.
"네 꽃이 향기가 없는 것이 아니다.
아직 필 때가 되지 않았을 뿐이다.
걱정 말고 조금만 더 힘을 내라."
아들은 내 말에 힘을 얻은 것 같았다.
얼마 후 바라던 곳에서 합격통지서가 왔고,
아들은 그때 '그 말'을 해준 것이 큰 힘이 되었다고 했다.

034 사랑과 집착

어떤 사람은 꽉 잡고 있어야 강하다고 생각하지만
때로는 놓아주는 것이 강한 것이다.

-헤르만 헤세

◑

부부는 시계의 두 바늘과 같다.
같은 방향으로 돌지만 각자의 규칙이 있다.
두 개의 바늘은 서로 영향을 주고받지만 간섭하지 않는다.
사랑할 때 반드시 따라오는 것이 집착이다.
집착이 사랑을 더욱 뜨겁게 하지만
그 때문에 식기도 한다.
진정으로 사랑하는 것은
상대를 내 손에 잡고 있는 것이 아니라 놓아주는 것이다.
더 높이 날 수 있도록 날개를 달아주며,
상대가 좋아하는 일을 할 수 있도록 해주는 것이다.
진정한 사랑이란 상대를 구속하는 게 아니라
꽃을 피우고 열매를 맺도록 하는 것이며,
상대방에게 그 자신이 될 수 있도록
자유를 허용하는 것이다.

035 사랑과 결혼

결혼에서의 성공이란
단순히 올바른 상대를 찾음으로써 오는 게 아니라
올바른 상대가 됨으로써 온다.

-바넷 브리크너, 미국 랍비

결혼은 나를 행복하게 해줄 사람을 찾는 것이 아니라
내가 행복하게 해줄 사람을 찾는 것이다.
나의 행복을 위해 결혼하면 반드시 실패하고,
상대의 행복을 위해 결혼하면 힘은 들어도 성공한다.
좋은 배우자를 만나는 것은 행운이 따라줘야 되지만
좋은 배우자가 되는 것은 나의 의지와 노력에 달렸다.
운이 좋아 멋진 배우자를 만났다고 하더라도
좋은 배우자가 되기 위해 노력하지 않으면
상대의 사랑을 받을 수 없을 뿐만 아니라
결국 떠나갈 가능성이 높다.

사랑을 주기만 하는 사람은 없다.
상대도 나와 같은 사람이다.
받으려면 먼저 주어야 하는 것이 인간관계의 기본이다.

036 제대로 아는 사람이 없다

바다를 모르는 사람은 없지만,
제대로 아는 사람은 단 한 명도 없다.

-로랑스 드빌레르, 프랑스 철학자, 《모든 삶은 흐른다》

◑

가깝고 익숙한 것을 모를 때가 있다.
우리는 가족에 대해 얼마나 알고 있을까?
때로는 안다고 하는 그 마음이 더 깊이 아는 것을 막는다.
어떤 것을 좋아하는지, 어떤 꿈이 있고,
얼마나 외로운지, 힘든지….

가족을 매일 보면서도 모른다.
매일 보면서도 6월의 대나무가 그렇게 빨리 자라는 줄 몰랐다.
바람에 잎이 떨어지는 것을 보면서도
그렇게 빨리 앙상한 가지가 될 줄 몰랐다.
해가 뜨고 지는 것을 보면서도
시간이 그렇게 빨리 지나갈 줄 몰랐다.
내가 아내와 다른 것만 있는 줄 알았지
같은 것도 있다는 것을 전에는 미처 몰랐다.

037 미루지 마라

사랑을 미루지 마라. 꿈도 미루지 마라.
하고 싶은 일을 미루지 마라.
오늘 할 일을 내일로 미루지 마라. 시간은 용서하지 않는다.

- 톨스토이

◑

사랑하지만 표현을 미루는 이유는 지금보다 더 나은 기회가 언젠가 올 거라는 생각 때문이다. 지금 사랑할 수 있는데 완벽한 기회를 기다려야 할 필요는 없다.

시간은 물처럼 흐르고 사람은 바람처럼 지나간다. 중요한 것은 지금 시작하는 것이다. 머뭇거리면서 망설일 때에는 보이지 않던 것이 시작하면 비로소 보이기 시작한다.

'아직 때가 아니다'라고 습관적으로 말하는 사람은 언젠가는 '이미 너무 늦었다'라는 말을 하면서 후회하게 될지도 모른다. 무지개가 오래 떠있지 않듯 사랑할 수 있는 시간도 길지 않다.

미루지 말아야 할 것 중에서 가장 시급한 것은
'사랑한다'고 말하는 것이다.
오늘이 아니면 영원히 그 말을 할 기회가 없을지도 모른다.
지금 웃으면서 하지 못하면 결국 울면서 하게 된다.

결혼이라는 게임

결혼이란 조그만 보트를 타고 긴 여행을 가는 것과 같다.
한 사람이 요동하면 다른 이가 가만히 있어야만 한다.
그렇지 않으면 전복되기 십상이다.

-디어도어 루빈, 미국 정신분석가

결혼은 처음에는 짜릿하지만
자칫하면 매우 위험하고 지루한 게임이다.
어쩔 수 없이 한 종목에 몰빵하는 투자와 같다.
주식은 떨어지면 조금 손해를 보고 팔 수도 있지만
결혼이라는 게임은
마음에 안 든다고 배우자를 바꿀 수도 없다.
이혼이라는 극단적인 방법이 있긴 하지만
행복한 사람은 드물다.
서로에게 문제가 최소한 반 정도는 있기 마련인데
그 문제를 가지고 다른 사람을 만나도
결과는 비슷하기 때문이다.
장기투자에서 성공확률이 반만 넘으면 성공이듯이
결혼에서 배우자가 반만 마음에 들어도 성공이다.
더 이상 바라는 것은 욕심이며 불행의 씨앗이다.

달라서 조화로운 삶

행복한 결혼생활에서 중요한 것은
서로 얼마나 잘 맞는가보다
다른 점을 어떻게 극복해 나가는가이다.

-톨스토이

◑

벽돌보다 돌담이 더 아름답다. 벽돌은 모양이 같지만 돌담은
크기가 다른 돌들이 균형을 맞추기 때문이다.
성격이 다른 부부가 살면서 조화를 이루는 것이 아름답다.
자연은 자신과 다르다고 해서 다투지 않는다. 소나무는 다른
나무에 자신의 가지가 닿지 않을 범위 내에서만 가지를 뻗는
다. 나무는 자신의 욕심을 부리지 않고 다른 나무의 공간도 존
중해준다.

부부가 원래 다른 성격을 가지고 태어났는데 애써 맞출 필요는
없다. 성격이 다르다는 것을 받아들이고 상대를 바꾸려는 노
력을 자신에게 하는 것이 조화로운 부부의 길이다.
식탁도 다양한 음식이 있어야 어울린다. 좋다고 한 가지만 차
리는 식탁이 없듯이 같은 성격을 찾지 말고 다른 것을 인정하
고 조화롭게 사는 것이 중요하다.

040 어마어마한 두 개의 세상이 만나

결혼생활에서 가장 중요한 일은
인내와 관용이다.

-안톤 체호프

◐

독신으로 사는 사람은 한 가지의 큰 기쁨을 얻지 못하지만 열 가지의 작은 괴로움을 겪지 않아도 된다.

반면 결혼해서 사는 사람은 한 가지의 큰 기쁨을 얻는 대신 열 가지의 작은 괴로움을 감수해야 한다.

자신을 다스릴 수 없는 사람은 결혼생활에서도 실패할 확률이 높다. 성격차이로 이혼하고 재혼을 한다고 해도 달라질 것은 없다. 재혼해도 또 성격차이로 갈등을 겪게 될 것이 뻔하기 때문이다.

부부가 만난다는 것은 두 개의 세상이 만나는 것이다. 실로 어마어마한 일인데 우리는 너무 쉽게 생각한다.

결혼은 잘 다루면 신이 내려준 최고의 선물이지만 잘못 다루면 최고의 형벌이 될 수도 있다. 결혼을 최고의 선물로 만드느냐 아니면 최고의 형벌로 만드느냐는 배우자에게 달린 것이 아니라 바로 나에게 달려있다.

041 사랑이 감정이 아니라면?

사랑은 감정이나 느낌이 아니다.
사랑은 의지이고 노력이다.

-에리히 프롬

◑

사랑은 감정인가 의지인가?
감정으로 시작되고 의지로 유지된다.
사랑에는 미움도 들어 있다. 미움은 노력으로 다스려야 한다.
사랑은 기쁨인가 아픔인가?
기쁨으로 시작해서 아픔으로 깊어진다.
사랑의 기쁨은 짧고 아픔은 길다.
아픔은 치유하는 것이 아니다. 의지로서 극복하는 것이다.

부부로 살면서 중대결심을 하거나 한계를 극복하거나
둘 중 하나를 선택해야 하는 기로에 설 때가 있었다.
지금까지 잘 극복했다.
극복은 끝이 아니라 계속 진행 중이다.
극복할 때마다 대나무의 마디처럼
나에게도 마디가 생기는 것 같았다.

042 사랑의 반대말은 무관심

동료 인간들에 대한 가장 사악한 죄는
그들을 미워하는 것이 아니라 그들에 대한 관심이 없는 것이다.
무관심은 비인간성의 본질이다.

- 조지 버나드 쇼, 아일랜드 극작가

과도한 관심이 부담스러울 때가 있지만
무관심은 사람을 외롭고 슬프게 한다.
낯선 곳에서 혼자 있을 때 편안함을 느끼기도 하지만
곧 외로움을 느끼는 것은
관심을 갖는 사람이 아무도 없기 때문일 것이다.
사랑의 반대말은 미움이 아닌 무관심이다.
사랑하는 마음이 없다면 미워할 필요도 없다.

상대방의 말에 고개를 끄덕이지만
진심으로 그 말을 듣는 사람은 드물다.
관심을 기울이기 가장 어려운 때가 역설적으로
관심이 절실하게 필요한 때이다.
관심은 마음에서 나오는 것이지
기교로만 되는 것이 아니다.

3장

관계

043 적당한 거리를 둔다

매일 얼굴을 마주 대하는 사람들과 지나치게 가까워지려 하지 마라.
허물없이 대하지 말 것이며, 격의 없는 태도도 옳지 않다.
일단 상대에게 맞추기 시작하면 이후에 다시 자리를 찾기 힘들다.

- 발타자르 그라시안, 스페인 작가

멀리 있는 잔디가 푸르게 보이는 것은
가까이서 보지 않았기 때문이다.
가까이 있어서 존경받을 사람 없고,
멀리 있어서 정들 사람 없다.
사람 사이에는 적절한 거리가 있어야 한다.
적당한 거리에서 적당히 알고 지내야 관계가 오래간다.

허물없는 사이가 좋은 관계가 아니라
거리를 두면서 그 거리를 사랑하는 것이 좋은 관계다.
약간의 긴장이 있어야 오래간다.
아무리 친한 친구나 연인 사이라도
지켜야 할 것이 있고 숨겨야 할 것이 있다.
가까워지더라도 속도 조절은 필요하다.

044 내 생각이 항상 옳을 수는 없다

논쟁을 하면서 분노를 느낀다면 진리가 아니라
자기 자신을 위해 논쟁하기 때문이다.

- 토마스 칼라일, 영국 사상가

◑

수술은 잘 되었지만 환자가 죽었다면 무슨 소용인가.

논쟁에서 이겼지만 관계에 금이 갔다면 무슨 소용인가.

논쟁은 진실을 밝히는 행동 같지만 내 생각을 고집하고 강요하
는 것이다. 내 생각이 항상 옳을 수는 없다.

사람들은 따지는 것을 싫어한다. 논쟁은 더 싫어한다. 나와 생
각이 다르면 꼭 따지고 넘어가는 사람이 있다. 굳이 진실을 밝
히기 위한 게 아니라 자신의 주장으로 자존심을 내세우기 위한
것이다.

누구나 나름대로의 진실을 가지고 있다. 누군가 사실과 다른
말을 한다고 해도 그의 행동에 책임질 필요가 없고, 나에게 불
이익이 없다면 말할 필요가 없다. 내가 믿고 있는 것이 진실이
아닐 수도 있으며, 진실이라고 하더라도 상대가 받아들이지
않으면 어쩔 수 없다.

045 미안하다는 말은 먼저

사랑하는 사람끼리의 싸움은
사랑의 갱신이다.

-테렌티우스, 고대 로마 희극작가

◐

1970년에 개봉한 영화 〈러브스토리〉는 "사랑은 미안하다는 말을 하지 않는 것이야." 라는 명대사로 더 유명해졌다.

개봉 50주년 기념 인터뷰에서 주연 배우들은 "그 말이 무슨 뜻인지도 모르고 읊었으며, 지금도 공감하기 어렵다."고 털어났다. 오히려 남자주인공 라이언 오닐은 "나는 살아오면서 미안하다는 말을 수없이 해야 했다."고 했다.

사랑이 있으면 갈등이 있기 마련이다. 중요한 것은 갈등을 어떻게 풀어가는가, 싸운 후에 어떻게 화해하느냐. 부부싸움은 원인이 무엇이든 잘잘못을 따지기 애매한 경우가 많다. 이럴 경우 자존감이 높은 사람이 먼저 사과하는 것이 좋다.

사랑은 미안하다는 말을 하지 않는 것이 아니라 그런 말이 필요 없도록 하는 것이다. 그런 말이 필요할 때는 바로 하라.

나를 위해 용서한다

감옥에서 출소하면서 자유로 향하는 문을 나서는 순간
내가 그들을 계속 미워한다면
여전히 감옥에 갇혀 있게 된다는 사실을 깨달았습니다.

- 넬슨 만델라, 26년간 복역 후 출소하면서 한 말

용서가 말처럼 쉬운 것은 아니지만 평생 증오하며 살아가는 것은 그 사람보다 자신에게 더 힘들 것이다. 만델라가 위대한 이유는 그가 권력을 잡은 후에도 보복을 선택하지 않고 용서와 화해를 선택했다는 사실이다.

다른 사람을 용서하는 것은 그가 용서를 받을 자격이 있어서가 아니다. 용서는 상대를 위한 것이 아니라 자신을 위한 것이다. 영화 〈파도가 지나간 자리〉에 나오는 대사처럼 "용서는 한 번만 하면 되지만, 증오와 미운 감정은 매일 생각해야" 하기 때문이다.
용서는 현재를 사랑하기 때문에 과거를 덮는 것이다. 더 이상 과거에 얽매이지 않겠다는 의지의 표시다.

047 스마트폰 말고 친구 한 명

스마트폰은 집으로 세상을 가져다준다.
세상이 내게 오기 때문에 나는 세상으로 나아갈 필요가 없다.
스마트폰은 분주한 삶을 제공하면서도
그 삶을 실제로 경험할 필요는 제거한다.

- 파스칼 브뤼크네르, 프랑스 작가, 《우리 인생에 바람을 초대하려면》

옛날에는 '논다'라는 말이 '함께' '같이'라는 뜻을 포함했다. 요즘은 게임이나 스마트폰이 먼저 떠오른다. 폰을 만지면 한두 시간은 금방 지나간다. 특히 유튜브가 그렇다. 스마트폰은 시간을 먹는 하마다. 온갖 것을 클릭하고 검색해보지만 유용한 정보보다는 쓰레기 같은 것이 더 많아 뒷맛이 깔끔하지 못하다.

요즘 사람들이 외롭고 우울한 이유는 관계로부터 멀어지기 때문이다. 휴대폰이 관계를 더욱 멀게 한다. 폰은 멀리 있는 사람은 가깝게 만들어주었지만 가까운 사람들을 멀게 만들기도 한다.
1인 가구, 혼술, 혼밥이라는 말이 낯설지 않다.
나를 알아주고 자신을 털어놓을 수 있는 친구 한 명만 있어도 된다.

048 문제의 절반은 나에게 있다

지금까지 당신이 만들어온 의식적
그리고 무의식적 선택으로 인해
지금의 당신이 있는 것이다.

-바바라 홀, 미국작가

관계는 대부분 스스로 선택한 것이다. 그들과 함께 행복하지
않은 것은 나에게 책임이 있다. 사기꾼에게 속는 것도, 믿었던
사람에게 배신당한 것도 결국 내 탓이다.

좋은 인연, 나쁜 인연이 따로 있는 것이 아니다. 내가 스쳐 지
나갔어야 할 사람을 잡았거나 잡았어야 할 사람을 놓친 것이
다. 지금 좋은 인연이라고 생각되는 사람도 언제 어떻게 바뀔
지 모른다.

원수 같은 사람도 한때는 가까운 사이였다. 배신의 칼을 가는
사람도 마찬가지다. 믿어서는 안 될 사람을 너무 믿은 자신의
책임이다.

인간관계에서 일어나는 모든 문제의 절반은 나에게 책임이 있
다는 사실을 인정하면 상대에게 화를 낼 이유도, 원망할 이유
도 줄어들 것이다.

당신은 당신과 가장 많은 시간을 함께 보내는
다섯 명의 주변 사람들의 평균이다.

-짐 론, 미국 사업가, 동기부여가

한 사람이 뒤꿈치를 들고 다니거나, 다른 사람이 허리를 숙이
고 다녀야 한다면 관계가 오래가기 어렵다. 오해가 있다면 풀
어야겠지만 가치관 차이로 부딪친다면 굳이 미련을 가질 필요
가 없다. 인연이란 운명보다는 자신의 수준에 맞는 사람을 스
스로 끌어들인 것이다. 수준이 달라지면 떠나야 하는데 부여
잡고 괴로워한다면 어리석은 일이다.

나의 삶에 누구를 끌어들이든 그것은 인연의 문제가 아니라 내
그릇의 크기와 마음의 성숙도, 내 선택의 문제다.
마음의 성숙도가 비슷할수록 서로에 대한 이해도가 높을 뿐만
아니라 감정이입을 더 많이 한다. 이런 관계가 오래간다. 반면
친구 사이라도 세월이 흐른 후 맞지 않다면 관계를 오래 이어
가기 어렵다. 어렸을 때 입던 옷이 맞지 않는 것처럼 마음이 맞
던 사람과 자꾸 엇박자가 나면 시절인연이 다한 것이다.

050 칭찬 잘하는 방법

칭찬은 향수와 같다.
향을 내되 코를 찔러서는 안 된다.

-오스카 와일드

◑

상대의 슬픔에 눈물을 흘리기는 쉬워도
기쁨에 함께 춤추기는 어렵다.
마음을 상하게 하는 말 중에 비난보다 더 강한 말이 없고,
마음을 얻는 말 중에 칭찬보다 더 좋은 말은 없다.
사람은 자신이 다른 사람들에게
어떻게 비춰지는가에 대한 궁금증과 두려움이 있다.
칭찬은 그 궁금증과 두려움을 한 방에 없애주고,
상대를 알아주어 자신의 존재감을 느끼게 해준다.

칭찬은 관심과 사랑이며,
칭찬을 잘하는 사람은 다이빙 선수가 입수할 때
물을 튀기지 않는 것처럼 튀지 않게 한다.
가장 칭찬을 잘하는 사람은 상대가 빈말이 아니라
사실처럼 받아들이게 하는 사람이다.

비판 할 때와 비판 받을 때

남을 비판하고 싶을 때면 언제나 이 점을 명심하여라.
이 세상 사람이 다 너처럼 유리한 입장에
놓여 있지는 않다는 걸 말이다.

-F.스콧 피츠제럴드,《위대한 개츠비》의 첫 문장

비판 받기를 좋아하는 사람은 아무도 없다. 겉으로는 기탄없이 받아들인다는 사람조차도 비판을 받으면 속이 쓰리다. 앞서가는 사람에게 비판은 피할 수 없다. 비판을 어떻게 받아들이느냐에 따라 그 사람의 그릇이 결정된다고 해도 과언이 아니다. 수많은 사람의 입을 막을 수는 없다. 문제는 사람들의 비판에 어떻게 대처하는가이다.

악의적인 비판이 아니라면 상대의 비판에는 이유가 있다.
마음을 얻으려면 진심어린 비판을 받아들일 수 있어야 한다.
나를 비판한다고 해도 그는 여전히 나의 친구다. 비판을 받는 사람은 그만한 위치에 있는 사람이다. 평범한 사람은 비판 받을 일도 없고 비판의 대상이 되지도 않는다. 같은 바람에서도 촛불은 꺼지지만 횃불은 더욱 타오르듯이 상대의 비판에 상처를 받을 수도, 더 성장할 수도 있다.

비판 받는 것은 나의 뜻이 아니지만 비판하지 않는 것은 나의 의지로 가능하다.

잘못이 눈에 보이더라도 그 사람의 입장이 되어보기 전까지는 다른 사람을 비판하지 말라.

오리의 다리가 짧다고, 학의 다리가 길다고 함부로 늘이거나 자르지 말라. 각자 나름대로 능력껏 살아간다.

식탁에 날아든 파리 한 마리 때문에 에프킬러를 뿌리거나 파리 채를 휘둘러 얻을 게 없듯이 비판으로 얻을 수 있는 것은 없다. 비판보다는 상대의 가치를 인정하며 지금 그대로 사랑하는 것이 상대의 마음을 얻는 확실한 방법이다.

비판은 두 얼굴을 하고 있다. 말하는 사람은 사실 혹은 의견이라 생각하는데 듣는 사람은 주관 아니면 비판이라 생각한다.

부부동반 할 때 시간을 제대로 지킨 경우가 거의 없었다. 시간에 대한 생각의 차이가 컸기 때문이다. 이것 때문에 다툰 적도 많았지만 결국 포기하고 말았다. 안 되는 줄 알면서도 혹시나 하는 마음으로 오랜 시간 애써봤지만 역시나 사람은 바꾸는 것이 아니라 생각하고 나 자신을 바꾸기로 했다. 내려놓고 나니 마음이 편했다.

그 후 이상한 일이 벌어졌다. 시간에 대한 아내의 태도가 바뀐 것인지, 아내에 대한 나의 인식이 바뀐 것인지 그 후 시간에 대해 한 번도 다툰 적이 없었다.

오만과 편견

오만은 다른 사람이 나를 사랑할 수 없게 하고,
편견은 내가 다른 사람을 사랑하지 못하게 한다.

- 제인 오스틴 원작, 영화 〈오만과 편견〉

◑

만개한 꽃은
보기는 화려하지만 질 것을 걱정해야 하고
날 선 칼은 잘 들지만 손을 조심해야 하듯이
오만한 사람은 편하지 않고 조심스럽다.
관계는 조금씩 다가가는 것이고
사랑은 스며드는 것이다.

편견이 무지보다 더 위험할 수 있다.
무지는 새로운 것으로 채울 수가 있지만
편견은 다른 것을 허용하지 않는다.
새는 나는 것이라고 생각하는 사람은
타조를 이해할 수 없고
포유류가 육지에서만 산다고 생각하는 사람은
고래를 모른다.

053 다름을 인정하는 일

모든 관계의 시작은
서로가 다름을 인정하는 것부터다.

-영화 〈완벽한 타인〉

◐

사람은 생김새가 다르듯이 생각도 다르다.
뷔페에서 접시에 담는 것을 보면 알 수 있다.
내가 좋아하는 것을 다른 사람이 건너뛸 수도 있고
다른 사람이 좋아하는 것을 내가 지나칠 수도 있다.
나는 뷔페에서 잔치국수를 먹어본 적이 없지만
내가 좋아하는 연어를 싫어하는 사람도 있다.

나와 같은 사람만 있다면 마음은 잘 맞을지 모르지만
더 이상의 재미는 없을 것이다.
그런 사람만 만날 것이 아니라
생각이 다른 사람도 만날 필요가 있다.
다름을 인정한다고 해서 그 사람과 같아지는 것은 아니다.
다른 것을 다른 대로 봐주자는 것이다.

054 쉽게 붙는 불은 오래가지 않는다

나는 신념에 가득 찬 자들을 그다지 신뢰하지 않습니다.
나는 오히려 의심에 가득 찬 자들을 신뢰합니다.

-김훈,《바다의 기별》

◐

단번에 북쪽을 가리키는 나침반보다 부르르 떨면서 방향을 잡아주는 것을 더 신뢰한다. 첫눈에 반한 사랑보다 조금씩 알아가면서 깊어진 사랑이 더 단단하다. 몇 번의 만남에 의기투합하여 의형제를 맺는 관계가 오래가는 것을 보지 못했다. 오래 타는 불은 쉽게 붙지 않고, 쉽게 붙는 불은 오래가지 않는다.

만장일치보다 갑론을박의 과정을 거친 결론이 더 민주적이며 합리적이다. 단번의 약속보다 숙고한 뒤의 약속이 더 믿음이 가고 오래 지켜진다. 소나무는 강하지만 꺾이기 쉽고 수양버들은 부드럽지만 부러지지 않는다.

하나만 알수록 신념이 강하고 많이 알수록 의심이 많다. 신념에 찬 사람이 어느 순간 흔들리기 시작하면 쉽게 무너지지만 의심에 찬 사람은 흔들리면서 단단해지기 때문에 쉽게 무너지지 않는다.

055 스스로 오아시스가 되면

여러분의 나라가 여러분을 위해
무엇을 해줄 수 있는지 묻지 말고,
여러분이 나라를 위해 무엇을 할 수 있는지 물어보십시오.

-존 F. 케네디, 대통령 취임사 중

다른 사람에게서 무언가를 구하려고 할 때 오아시스 같은 사람을 찾게 된다.

넓은 사막에서 오아시스를 찾는 것은 어렵다. 다른 사람에게 무언가를 주려고 할 때는 오아시스를 찾을 것이 아니라 사막을 찾아야 한다. 오아시스는 내가 주고자 하는 것을 이미 갖고 있기 때문에 내가 주지 않아도 되지만 사막은 아무것도 갖고 있지 않아서 줄 것이 많다.

사막에서 무엇을 얻을 것인가를 생각하지 말고, 무엇을 줄 것인가를 생각하면 삶이 바뀔 것이다. 오아시스를 찾을 것이 아니라 내가 샘물과 야자나무 숲을 갖고 있는 오아시스가 된다면 다른 사람들이 나를 찾을 것이다.

힘든 길을 견디며 찾아온 이들에게 생명의 샘물과 쉴 그늘을 줄 수 있는 오아시스를 상상하면서 마당에도, 마음에도 꽃씨를 뿌린다.

056 세상에서 가장 쉬운 일

남과 교제할 때 잊어서는 안 될 일은, 상대방에게는 상대방 나름대로의
생활방식이 있으므로 혼란스럽지 않도록 남의 인생에
함부로 간섭해서는 안 된다는 것이다.

－헨리 제임스, 미국 소설가

'얀테의 법칙'이 있다. 십계명처럼 총 열 가지로 되어 있다.
첫 번째 법칙 : 네가 특별한 사람이라고 생각하지 말라.
마지막 법칙 : 남에게 무언가 가르쳐줄 수 있다고 생각하지 말라.

남을 내 마음대로 바꿀 수 없다. 누구에게나 나쁜 습관이 있지
만 그게 큰 문제가 아니라면 그냥 있는 대로 봐주는 것이 좋다.
세상에서 가장 쉬운 것이 충고하는 것이고, 가장 성공하기 어
려운 것도 이것이다.
이런 충고도 있다. 이것이 먹혀들까?
"내 충고 하나 할까? 남들한테 함부로 충고하지 말게."
책이 가장 필요한 사람이 책을 가장 멀리하듯이 충고가 필요한
사람은 남의 충고를 받아들이지 않는다.
자존심 때문이다.

057 세상에서 가장 어려운 일

세상에서 가장 어려운 일은 사람이 사람의 마음을 얻는 일이란다.
각각의 얼굴만큼 다양한 각양각색의 마음을.
순간에도 수 만 가지 생각이 떠오르는데,
그 바람 같은 마음이 머물게 한다는 건 정말 어려운 거란다.

-생텍쥐페리,《어린왕자》

내 마음도 모르는데 다른 사람의 마음을 안다는 것이 어디 쉬운 일인가. 마음을 알려면 인간의 본성과 감정에 대한 깊은 통찰력이 있어야 한다. 한순간도 쉬지 않고 움직이는 마음을 다스리는 일은 도의 경지에 이르지 않고는 불가능한 일이다.

더 어려운 일은 나와 같지 않은 타인의 마음을 이해하고, 마찰을 피하며, 마음을 얻는 일이다. 그렇게 되기 위해서는 두 사람의 마음이 동시에 열려야 한다. 나도 열기 어려운데 상대의 마음까지 여는 일이 얼마나 어려울 것인가.

열린 마음의 문이 오래 닫히지 않게 하는 일은 또 얼마나 어려운 일인가. 자신이 상대에게 존중받는다는 느낌이 들 때 존재감이 커지면서 마음의 문이 열린다.

먼저 베풀어라

누구든 그가 받은 것으로는 존경받지 못한다.
존경심은 그가 준 것에 대한 보상이다.

-캘빈 쿨리지, 미국 30대 대통령

◑

사람은 무엇을 줄 수 있고, 무엇을 주는가에 의해 평가된다.
주고받는 크기가 비슷할 때 관계가 유지된다.
받고 주는 것보다 먼저 주는 것이 더 가치가 크다.
되돌려 받지 못하는 경우도 있지만
대부분은 내가 준 만큼 오거나 더 많이 돌아온다.

관계에서 배려하고 먼저 베푸는 것이 중요하다.
그렇다고 배려가 권리가 되어서는 안 된다.
권투를 할 때 소나기 펀치를 날린다고
상대를 쓰러뜨릴 수 있는 것은 아니다.
상대가 맞으면서 맷집이 생기기 때문이다.
점수도 얻지 못하고 자신이 먼저 지치기 쉽다.
퍼주기만 하는 사람은 그런 선수와 같다.

상대를 쉽게 쓰러뜨리는 펀치는
예상치 못한 상황에서 나오는 카운터펀치다.
같은 것을 주더라도
예상치 못한 상황에서 주는 것이 효과가 크다.

약간 빈틈 있는 사람에게 마음이 간다

다른 사람에게 미움을 사고 싶으면
자신이 그 사람보다 우월함을 과시하라.
친구를 얻고 싶으면 상대가 뛰어나다고 느끼게 해주어라.

-데일카네기

꽉 찬 사람보다 약간 빈틈 있는 사람에게 더 마음이 간다. 나로 말미암아 상대가 행복해진다는 생각이 들 때 관계는 더욱 깊어진다.

겸손은 모든 인간관계에서 필요하다.

겸손은 자신을 낮추는 것 같지만 자신의 무게중심을 낮추어 더 높이 오르려는 전략이며, 좀 더 사랑받고자 하는 욕망의 다른 표현이다. 그것은 상대방을 우월한 입장에 서게 하여 더욱 관대하게 만든다.

오만하게 비치지만 않는다면 겸손은 상대를 부드러운 사람으로 만들어 사랑을 받기 위한 고차원적인 전략이다.

혹여 겸손 때문에 상대가 오만해지더라도 자존심에 상처를 받아 신음하는 사람보다 더 낫다.

060 집착하지 않는 마음

아는 사람은 말하지 않고,
말하는 사람은 알지 못한다.

- 노자, 《도덕경》

◐

깊은 강물은 소리 없이 흐르지만
얕은 냇물은 요란하게 흐른다.
인정을 받으려고 하면 받지 못한다.
그 사람의 언어가
그 사람의 사회적 지위와 인품을 드러낸다.
어려운 말로 권위를 세우려는 사람은 낮아지고
알아듣기 쉽게 말하는 사람은 올라간다.
자신의 지위로 인정받으려는 사람은 권위가 낮아진다.
자신이 부자임을 증명하려고 하는 사람은 부자가 아니다.
비범한 사람은 자신의 비범함을 증명하려고 하지 않는다.
비범한 사람은 비범함에 집착하지 않는다.
비범함에 집착하면 평범해지지만
평범함을 사랑하면 비범해진다.

거짓말이 더 나을 때도 많다

너무 많이 아는 사람이
거짓말을 하지 않기란 어렵다.

-비트겐슈타인

◐

어릴 때는 "정직이 최선의 방책이다. (Honesty is the best po-licy.)"는 말을 최고의 가치로 삼았다. "목숨이 걸려 있는 문제가 아니면 거짓말을 하지 말라."는 선생님의 말을 믿고 따랐다. 결혼하기 전까지는….

때로는 민낯을 보여주기보다 화장을 하는 것이, 자신과 상대를 위해 페르소나가 필요하다는 것을 알게 되었다.

사람들은 솔직함만을 좋아하지 않는다. 불편한 진실과 마주하는 것이 힘들기 때문이다.

인간관계에서 솔직함만이 최선이라고 생각하는 것처럼 어리석은 일은 없다. 상대를 생각하지 않는 솔직함이 때로 상처를 주고 그로 인해 관계가 멀어질 수도 있다. 솔직함은 맨얼굴을 보는 것이다. 솔직함에도 적정선이 있다.

오. 헨리의 《마지막 잎새》처럼 거짓말이 더 나은 경우도 있다. 솔직함을 가장한 무례함을 경계하라.

나쁜 사람에게 좋게 대할 필요가 있는가

마을의 착한 사람들은 그를 좋아하지만
악한 사람들은 그를 미워하고 있다면
그는 좋은 사람임이 분명하다.

-공자

모든 사람에게 좋게 대하는 것이 좋은 것은 아니다.
좋은 사람에게는 좋게 대해야 한다.
나쁜 사람에게는 좋게 대하지 않아도 되지만
나쁘게 대할 필요는 없다.
그런 사람에게는 적당히 대하는 것이 좋고
피할 수 있으면 피하는 게 상책이다.
문제는 나쁜 사람에게 나쁘게 대할 때 일어난다.
나쁜 사람에게 나쁜 소리를 듣는 것은 나쁜 것이 아니다.
제대로 살아가고 있는 것이다.
나쁜 사람에게 좋은 소리를 듣는 것은
공자도 하기 어려운 일이다.

063 내 탓이다

세상은 거울과 같다. 사람들과의 관계에서 겪는 문제들 중 대부분은
스스로와의 관계에서 겪고 있는 문제를 거울처럼 보여주고 있다.
밖으로 나가서 남들을 바꿔놓을 필요는 없다. 우리 자신의 생각들을
조금씩 바꿔 나가다 보면 주위 사람과의 관계는 자동으로 개선된다.

-앤드류 매튜스, 호주 작가

꽃이 시드는 것은 꽃의 잘못이 아니다.
꽃을 잘 가꾸지 못한 내 탓이다.
사람이 떠나는 것은 상대의 탓이 아니다.
붙잡을 수 있는 향기가 없어진 내 탓이다.
상대가 쌀쌀하게 구는 것은 그의 탓이 아니다.
그의 심기를 건드린 내 탓이다.
세상의 모든 일은 일어날 만한 이유가 있어서 일어난다.
대부분의 이유는 나에게서 비롯된다.

064 항상 손해를 보고 살 것 같지만

관대함은 할 수 있는 것보다 더 많이 주는 것이고,
자부심은 필요한 것보다 적게 취하는 것이다.

-칼릴 지브란

◐

상대의 작은 실수를 눈감아주는 사람,
약점을 알고 있지만 그것을 이용하지 않는 사람,
다른 사람의 성공에 진심으로 찬사를 보내주는 사람,
참기 힘들더라도 경청하는 사람,
악의적인 공격에 유머로 부드럽게 넘길 수 있는 사람,
상대의 위신을 세우면서 우아하게 비판하는 사람,
권위가 있지만 스스로 내세우지 않는 사람,
다른 사람이 말을 끊어도 느긋하게 반응하는 사람,
상대의 비판에 흔들리지 않고 격식을 유지하는 사람,
이런 사람은 관대한 사람이다.

이렇게 살면 항상 손해를 보고 살 것 같지만
주변에 관대한 사람들이 몰려
오히려 더 많은 도움을 받아 삶이 더 풍성해진다.

065 타인은 지옥인가

우리는 타인들이 나를 판단하는 잣대로 나 자신을 판단한다.
세상에는 수많은 사람들이 지옥에서 살고 있는데, 그 이유는
그들이 타인들의 판단과 평가에 지나치게 의존하기 때문이다.

-사르트르

사랑과 인정을 받을 때는 행복하지만
비난과 무관심을 받을 때는 불행하다.
고립될 때 외로움을 느끼지만
위안과 공감을 얻을 때는 살아있음을 느낀다.
내가 생각하는 '나'와
타인이 생각하는 '내'가 다를 때는 힘들어하며,
자존감이 낮을 경우 나를
타인들의 판단에 맡기려는 경향이 강하다.

사르트르의 유명한 "타인은 지옥이다."라는 말은
자신의 주관을 잃고, 타인의 평가에 의존하지 말라는 뜻이지
무조건 배격하라는 뜻이 아니다.
타인은 나와 함께 살아가야 할 존재이지만 나와 다르다.
내 눈에 비친 타인의 모습이 진짜가 아니듯이

타인들의 눈에 비친 나의 모습도 마찬가지다.
타인들의 잣대로 나를 판단해서도 안 되지만
무시하고 독불장군처럼 나만의 생각대로 사는 것도
좋은 것은 아니다. 바람직한 것은
타인의 평가를 선택적으로 받아들이며 휘둘리지 않는 것이다.
받아들여야 할 것, 참고만 할 것을 구분하는 자세가 필요하다.
받아들여야 할 것을 바꾸지 않고 걱정만 하는 것은
지옥으로 가는 길이다.

최종 판단은 나의 몫이다.
타인의 옷이 나에게 맞지 않듯이
타인의 생각이 나와 같은 수 없다.
내가 타인처럼 살아갈 필요가 없듯이
타인이 나처럼 생각하길 바라서도 안 된다.
타인을 어떻게 보고 대하는가에 따라
그는 지옥이 되기도 하고 천국이 되기도 한다.

4장

행복

066 내 생애 행복하지 않은 날은
단 하루도 없었다

스스로 행복하다고 믿지 않는 한
누구도 행복하지 않다.

-푸블릴리우스 시루스, 고대 로마 작가

◐

행복은 권력이나 지위나 돈과 관계가 없다.

나폴레옹은 "인생에서 행복했던 날은 겨우 6일밖에 없었다."
고 말했고, 괴테는 "내 인생에서 행복했던 시간은 모두 14시간
이었다."고 말했다. 반면 헬렌 켈러는 "내 생애 행복하지 않은
날은 단 하루도 없었다."고 말했다.

누가 더 행복한 사람인가?

행복이란 주관적인 판단이다. 천하의 권력과 명예를 다 가져
도, 세상을 자신의 언어로 뒤덮어도 공허함을 채울 수 없다.
행복을 쉽게 찾지 못하는 것은 행복이 완벽한 상태에서만 존재
한다고 생각하기 때문이다.

마음을 열고 보면 신은 어디에서나 찾을 수 있지만 자신이 정
한 신의 모습만 찾는다면 어디에서도 찾을 수 없을 것이다. 행
복도 마찬가지다.

067 행복은 목표가 아니라 여정이다

지속할 수 있는 행복을 얻기 위해서는
구체적인 목표를 가져야 한다.

- 탈 벤 샤하르, 미국 심리학자

◑

더욱 고차원적인 행복감을 얻기 위해서는
'삶의 목표'가 있어야 한다.
구체적인 목표는 우리를 행복이라는 목적지로 데려간다.
행복은 목적지에 도착했을 때 느끼는 감정이 아니다.
목적지로 가는 과정에서 느끼는 것이 행복이다.
목표가 없으면 어떤 곳에 도착해도 행복하지 않다.
목표를 성취하거나 목표로 한걸음씩 다가가고 있을 때
행복을 느낀다.

행복은 즐거운 삶, 열정적인 삶 그리고 의미를 지닌 삶이다.
누리고(joyful), 펼치고(mindful), 나누는 것(meaningful)이
행복이다.

068 소유는 늘어나는데 왜 행복하지 않은가

일차원적 인간은 돈과 연관되지 않은 행복, 돈으로 살 수 없는
행복, 경제적 가치로 환산될 수 없는 행복을 생각하고 욕망하는
능력을 더 이상 갖고 있지 않다.

- 마르쿠제, 미국 철학자

소유가 늘어나거나 욕망이 줄어들면 행복지수가 증가한다. 그
러나 현대인들은 소유가 늘어나는 데도 행복지수가 증가하지
않는다. 소유보다 욕망이 더 크게 증가하기 때문이다.
물질에 대한 욕망을 최고의 가치에 두고, 소비하는 것을 최고
의 행복한 삶으로 생각하는 인간, 마르쿠제는 이런 인간을 '일
차원적 인간'이라고 했다.
더 많은 것을 소비하기 위해서는 더 많은 돈이 있어야 하고 그
돈을 벌기 위해 더욱 바쁘게, 치열하게 살아가야 한다. 그런
가운데 욕망은 더욱 커진다.

돈은 생활을 편리하게 하지만 행복을 살 수는 없다.
진정한 행복은 돈으로 살 수 없는 것들에 있다.
돈이 삶에 반드시 필요한 것은 맞지만 그것을 추구하느라
더 많은 것을 놓치고 있지는 않은가.

불행이 힘이 센 이유

행복의 원리는 간단하다. 불만에 자기가 속지 않으면 된다.
어떤 불만으로 해서 자기를 학대하지 않으면
인생은 즐거운 것이다.

-버틀란트 러셀

행복한 사람보다 불행한 사람이 많은 이유 네 가지.

첫째, 순간을 잡지 못했기 때문이다. 삶은 순간의 연속이다. 지금 이 순간을 잡지 못하면 삶을 놓치는 것이다

둘째, 행복을 밖에서 찾으려 하기 때문이다. 행복은 내 안에 있는데 밖에서 찾으려 하니 찾을 수 없다. 밖은 눈에 보이지만 내 안은 보이지 않는다. 자신이 행복한 사람이라 생각하는 사람은 행복하다.

셋째, 큰 것에서 찾으려 하기 때문이다. 행복은 작은 것이다. 너무 작아 큰 그물로 잡으면 다 빠져나간다. 작은 일에 웃고 있는 사람은 행복하다. 일상은 작은 일의 연속이기 때문이다.

넷째, 인식의 한계 때문이다. 대부분 사람들은 기쁘지도, 고통스럽지도 않은 일상의 대부분의 시간에 대한 인식이 부족하다. 만약 이것을 긍정적인 것으로 바꿀 수가 있다면 삶이 획기적으로 달라질 것이다.

일상의 기쁨

어떻게 한 시간 동안이나 숲속을 거닐면서도 눈에 띄는 것을
하나도 보지 못할 수가 있을까요? 나는 앞을 볼 수 없기에 다만
촉감만으로 흥미로운 일들을 수백 가지나 찾아낼 수 있는데 말이죠.

-헬렌 켈러

숲속을 산책하고 돌아온 친구에게 "무엇을 보았느냐?"고 물었
는데 친구가 별거 없었다고 하자 헬렌 켈러가 한 말이다.

단조롭고 따분한 일상도 관점을 바꾸면 작은 기적들로 가득 차
있다는 것을 알게 된다. 닫힌 마음으로 보면 그런 것들은 보이
지 않는다. 지금 가진 것을 잃고 나서야 그것이 정말 소중한 것
이라는 걸 알게 된다.

마음을 조금만 바꾸면 세상이 다르게 보인다. 내일이 오늘보
다 행복하기를 바라지 말고 지금 이 순간 행복을 느끼는 사람
이 되어보자.

도처에 보석이 깔려 있는데 알아보지 못하고 지나치면 어리석
다. 일상이 꽃밭인데 그 향기를 맡지도 못하고 꽃을 즐길 줄 모
르는 사람도 바보다. 일상에서 재미를 느끼지 못하고, 재미있
는 상황을 만들 줄 모르면 곰보다 더 미련하다.

071 내가 먼저 행복해야 한다

남을 행복하게 하는 자만이
또한 행복을 얻는다.

-플라톤

◖

이집트 사람들은 죽은 후에 신 앞에서
다음 두 가지로 심판을 받는다고 한다.
첫째, 행복하게 살았는가?
둘째, 다른 사람을 행복하게 하였는가?

이게 어찌 이집트 사람에게만 해당하겠는가.
행복하게 살았다고 해서 고통이 없다는 것은 아니다.
행복은 고통이 없는 상태가 아니라
고통을 어떻게 받아들이는가 하는 것이다.
행복하게 살 수 없는 사람은 다른 사람도 행복하게 할 수 없다.
불행하면서 다른 사람을 행복하게 하는 것은 희생이다.
나의 희생으로 다른 사람을 행복하게 하는 것은
신도 원하지 않을 것이다.
타인을 행복하게 하려면 나 자신이 먼저 행복해야 한다.

072 행복의 모순

행복을 수중에 넣는 유일한 방법은
행복 그 자체를 인생의 목적으로 삼지 말고 행복 이외의
다른 어떤 것을 인생의 목적으로 삼는 일이다.

-존스튜어트밀

행복이란 인생의 궁극적인 목표가 아니라
일상에서 순간순간 느끼는 즐거운 감정이다.
행복이 목표가 되는 순간 행복과 멀어진다.
행복해지려는 마음이 행복으로 가는 걸림돌이 된다.
행복은 순간순간 감사와 사랑의 마음에서 온다.
편안함을 추구하는 것 자체가 몸을 더 불편하게 만들 듯이
행복을 추구하는 마음이 행복과 더 멀어지게 한다.
행복은 봄날의 아지랑이다. 멀리서 보면 보이지만
가까이 가면 보이지도 않고 만질 수도 없다.

행복은 강도보다 빈도가 중요하다. 열반에 이르면 열반에 머물 수 있는가? 열반 적정은 순간적일 뿐 열반에 머물 수가 없다. 행복도 마찬가지다. 오래 머물 수 없다. 불행한 사람은 먹는 것으로 채우려고 한다. 정말로 행복한 사람은 많이 먹지 않는다.

073 행복은 복합적이다

행복은 누구나 원한다.
그리고 인격이 최고의 행복이다.

-아리스토텔레스

◑

행복한 삶을 살기 위해서는 자신의 철학과 삶의 지혜가 필요하다.
행복을 느끼려면 지성과 인격이 있어야 된다.
같은 그림을 보더라도 아는 만큼 보이듯이
같은 경험을 하더라도 인식할 수 있는 만큼만 행복을 느낀다.
자연인이라고 행복한 것은 아니다.
저잣거리에서도 행복한 사람이 많다.
하나의 조건이 충족되어 느끼는 행복은
진정한 행복이 아니다.
부탄 사람들의 행복도 마찬가지다.
더 넓은 세상을 알면 불행해진다.
행복은 복합적이다.
행복은 자신이 가진 것과 가지지 못한 것 사이에서
적절한 균형과 내면의 성숙함이 있어야 한다.

행복은 삶을 대하는 태도에서 온다

걱정거리를 두고 웃는 법을 배우지 못하면
나이가 들었을 때 웃을 일이 전혀 없을 것이다.

-에드가 왓슨 하우, 미국 소설가

행복은 걱정이 없는 상태가 아니라
걱정을 어떻게 받아들이느냐에 달려있다.
하늘에 구름이 하나도 없어야 좋은 날씨가 아니듯이
걱정이 없어야 행복한 것은 아니다.
바다에 파도가 일고 우리의 삶에는 문제가 있다.
문제를 어떻게 보느냐에 따라
걸림돌이 될 수도, 디딤돌이 될 수도 있다.
행복은 문제가 없을 때 오는 것이 아니라
해결되었을 때 오는 것이다.
흐린 날이 누구에겐 좋은 날이 될 수 있고,
맑은 날이 누구에겐 나쁜 날이 될 수 있다.
구름의 문제가 아니라 보는 사람의 문제이다.
행복은 고통이 없는 것이 아니라
고통을 받아들이는 태도에 달려있다.

075 Just do it!

춤춰라, 아무도 보지 않는 것처럼
사랑하라, 한 번도 상처받지 않은 것처럼
노래하라, 듣는 이 없는 것처럼
살아라, 지상이 천국인 것처럼

-마크 트웨인

즐겁게 산다는 것은 행복과는 조금 다른 개념이다.
행복은 추상적인 개념이며 도달하기 위해 수많은 길이 있다.
즐겁게 사는 것은 가장 확실하게 행복으로 가는 길이다.

행복해서 즐거운 일을 하는 것이 아니라
즐겁게 일해서 행복한 것이다.
즐거워서 춤을 추는 것이 아니라 춤을 추어서 즐거운 것이다.
기뻐서 노래를 부르는 것이 아니다.
노래를 불러서 기쁜 것이다.
춤출 때는 몸이 없는 것처럼,
노래 부를 때는 듣는 사람이 없는 것처럼 하라.
당신은 마이클 잭슨도 아니고 나훈아도 아니다.
자신의 목소리를 내고 자신의 몸으로 표현하라.

076 건강을 잃고 행복을 생각하다

귀 기울여 들어준다면 우리 몸은 우리에게
분명하고 구체적으로 얘기한다.

-삭티 거웨인, 미국 작가

◐

건강할 때는 몸을 잊고 살다가 아플 때에야 돌아본다.
몸은 우리에게 그동안 수없이 말을 했지만
그 소리를 제대로 듣지 못했다.

작년 여름 몸에 이상 현상이 감지되었다. 운동을 하거나 조금
무리하면 숨이 차고 가슴이 두근거렸다. 좀처럼 병원에 안 가
는 성격인데 느낌이 이상해서 검사를 했다.
노화 전조현상인가 했는데 심장혈관 3개 중 하나가 막혔다고
한다. 스텐트 삽입 시술을 받았다. 의사선생님께 갑자기 이런
현상이 나타나는 이유를 물었다. 갑자기 그런 것이 아니라고
했다. 2년 전부터 몸이 지속적으로 신호를 보냈지만 애써 듣지
않았던 것이 터진 것이다.

몸은 복잡한 기계장치 그 이상이다. 몸은 소우주다.

물리의 법칙과 수많은 화학작용이 내 안에서 일어나며
슈퍼컴퓨터보다 더 정교하고 복잡한 시스템이 작동되고 있다.
이런 자신의 몸을 어떻게 대해 왔는지 생각해보라.
몸은 관대하지만 항상 그런 것은 아니다.
인내력의 한계를 벗어나면 몸은 보복을 한다.
마음씨 좋은 사람이 화를 내면 무섭듯이 몸도 그렇다.

몸이 그렇게 된 원인을 생각했다.
평소 좋아하던 술이 원인인 것 같았다.
큰 사고 없이 일찍 발견한 것이 전화위복이라 생각했다.
시술 후 의사에게 한 첫 번째 질문은
'술은 언제부터 마셔도 되는가'였다.
선생님의 대답은 무정했다.
"술을 마시면 안 됩니다. 다시 오고 싶으면 마시세요."
그 후 6개월간 술을 입에 대지 않았다.
밥만 빼고 다 안주로 보던 내가 엄청 바뀌었다.

몸이 말하는 것을 잘 듣고 몸이 원하는 것을 잘 들어주라.
몸이 원하는 것을 듣지 않으면 몸이 나를 버리게 될 것이다.
입이 원하는 것을 먹지 말고 몸이 원하는 것을 먹어라.
몸이 말할 때 듣지 않으면 몸이 내 말을 듣지 않을 것이고,
나쁜 습관을 버리지 못하면 정말 원하는 것을 할 수 없게 된다.

077 까칠하게 행복에 다가가고 있는 중입니다

삶은 제한적이다. 다른 누군가의 삶을 사느라 인생을 낭비하지 마라. 다른
사람의 생각에 얽매이지 마라. 중요한 것은 마음과 직감을 따르는 용기를
갖는 것이다. 내가 무엇을 원하는지 마음과 직감은 이미 알고 있다.

-스티브 잡스

내 마음을 챙겨야 하는 줄 알면서도 다른 것을 먼저 했다.

가족, 직장, 타인이 원하는 것을 먼저 하느라

내 마음을 채워주지 못했다.

마음은 항상 배가 고팠고 외로웠다.

거절하고 싶었지만 그렇게 하지 못했고,

하고 싶은 말이 있었지만 다 하지 못했다.

술을 마시며 마음을 달래보았지만 그때 뿐, 변한 것이 없었다.

마음은 답을 알고 있었지만 그 소리를 듣지 못하고

다른 곳에서 길을 찾았다.

이제는 마음의 소리에 귀를 기울이고

마음을 챙기며 살아야겠다.

아내는 그런 내가 까칠해졌다고 했다.

나는 이제야 갈 길을 가고 있다고 생각했다.

078 좋은 것은 가까이 있다

너는 왜 자꾸 멀리 가려느냐?
보아라, 좋은 것은 가까이 있다.
다만 네가 바라볼 줄만 안다면 행복은 언제나 여기에 있나니.

- 괴테, 〈충고〉

좋은 것을 멀리서 찾는 사람은 많은 것을 찾을 수 없다.
아무리 좋은 것도 마음이 없으면 볼 수 없다.
지금 내가 있는 곳에서 찾을 수 없는 것은
멀리 가도 찾을 수 없다. 마음이 없으면 그냥 스쳐 지나간다.
스쳐 지나가는 것은 사랑할 수 없고
사랑하지 않으면 알 수가 없다.
지금 여기서 보는 것, 지금 여기서 들을 수 있는 것,
지금 부르면 응답할 수 있는 사람,
지금 가지고 있는 것들을 사랑하라.
그보다 자신을 더욱 사랑하라.
자신을 사랑하지 않으면 가장 먼 타인이다.
우리는 왜 자신을 사랑하지 못하는가.
자신 안에 얼마나 큰 것이 있는지 얼마나 많은 것이 있는지 모
르기 때문이다. 세상의 모든 꽃보다 자신을 더 사랑하라.

079 행복은 상상력이다

사랑하는 사람과의 첫 입맞춤이 뜨겁고 달콤한 것은 그 이전의
두 사람의 입술과 입술이 맞닿기 직전까지의 상상력 때문이다.

-안도현, 《연어》

◑

상상력은 과학자, 예술가, 미래학자들에게만 필요한 것이 아
니다. 타인의 마음을 이해하는 데에도 상상력이 필요하고 행
복을 느끼는 데에도 필요하다.

상상력이 뛰어난 사람은 실제보다 더 많은 행복을 느낀다.

나이가 들면서 사는 재미가 없어지는 것은 상상력이 줄어들기
때문이다. 어떤 렌즈를 끼고 보느냐에 따라 다르게 보이듯이
어떻게 상상하며 보고 느끼느냐에 따라 다르다. 마음의 눈으
로 보는 것이 바로 상상력이다.

상상력은 큰 고통을 작게 만들기도 하고 작은 기쁨을 부풀리기
도 한다. 평범한 일상이 화려한 여행이 되기도 하고, 매일 보
는 사람이 천사처럼 보이게 하는 것도 상상력이다.

사는 게 힘들고 따분할 때 내가 얼마나 비참해질 수 있는가를
상상하면 현재 자신의 위치를 즐겁게 받아들일 수도 있다.

행복한 사람이 일하는 모습

자기가 하는 일을 좋아하는 것이
좋아하는 일을 하는 것보다 더 중요하다.

-존 그리샴, 미국 작가

◑

첫 눈에 반해 살다가 헤어지는 경우도 있고,
처음에는 별로였지만 살면서 정이 들어
관계가 오래 유지되는 경우가 있듯이
일도 그렇게 될 수 있다.
좋아하는 일을 직업으로 만드는 사람은 행복한 사람이다.
잘 하는 일로 생계를 유지하는 사람은 복 받은 사람이다.

과연 그런 사람이 얼마나 될까.
그런 것을 선택했다고 하더라도 그것이 자신의 일이 되면
흥미를 잃거나 스트레스를 받고 자유를 잃는 경우가 많다.
그보다는 자신이 하는 일을 즐겁게 하는 것이 더 낫지 않을까.
처음에는 쉽지 않겠지만 열심히 하다 보면 실력도 늘게 되고
재미도 붙게 된다.

행복하지 않은 대한민국

수치로는 측정하지 못하는 것을 간과한다면
꽃다발 줄기를 세면서도 꽃송이의 아름다움과 향기는
놓치게 된다.

-시어도어 젤딘, 영국 역사학자, 철학자

◑

옥스퍼드대 출신으로 〈이코노미스트〉 한국특파원으로 일했던
다니엘 튜터가 한국에서의 경험을 쓴 책《기적을 이룬 나라 기
쁨을 잃은 나라》를 읽고 충격을 받았다. 다 맞는 말이었다.
《신경 끄기의 기술》로 우리에게 알려진 미국의 작가 마크 맨슨
은 우리나라를 방문한 후 '세계에서 가장 우울한 나라를 여행
했다'는 영상을 올려 화제가 되었다.

부정할 수 없는 이런 현실을 가져오게 만든 많은 원인이 있겠
지만 돈에 대한 가치관이 클 것이다.
인터넷에 떠도는 우리나라와 프랑스의 중산층 기준에 대한 자
료를 보았다. 큰 차이가 있다면 우리나라는 전부 숫자였고, 프
랑스는 전부 글자로 되어 있었다. 문화의 차이와 깊이일까, 국
민성일까?

우리나라는 부채 없는 아파트 30평, 월 급여 500만원, 자동차는 2천cc급, 예금액 1억, 해외여행 1년에 1회. 모든 숫자 뒤에는 '~이상'이라는 말이 들어간다. 욕망이 끝이 없다는 말인가.

반면 프랑스는 외국어 하나 정도, 직접 즐기는 스포츠, 다룰 줄 아는 악기, 요리실력, 공분에 의연히 참여, 약자를 도우며 봉사활동을 꾸준히 하는 것이다.

어떤 기준으로 사는가에 따라 삶의 질이 달라진다.

우리나라는 '남의 시선'이 중요하고, 프랑스는 '나의 기준'이 중요하다.

첫째 딸은 영국신사와 결혼했다. 아들이 결혼할 때 혼수로 해주는 것은 고작(?) 침대가 전부였다. 사위는 그것을 당연하게 받아들였다. 결혼식은 교회에서 했는데 우리 가족을 제외한 하객은 26명이었다.

우리가 많이 쓰는 말 중 '남부럽지 않게' '보란 듯이'라는 말은 가치의 기준을 다른 사람에게 둔 말이다.

그곳의 결혼식은 그런 것과 거리가 멀었다. 돈이 필요 없었다.

2024년 우리나라의 행복지수는 OECD 38개 회원국 중 끝에서 4번째에 해당된다. 행복에 대한 기준이 바뀌지 않는 한 행복은 요원한 것 같다.

082 불행한 사람들이 많은 이유

인간이 불행한 것은 자기가 행복하다는 것을 모르기 때문이다.
이유는 단지 그뿐이다. 그것을 자각한 사람은 곧 행복해진다.

- 도스토옙스키

불행한 사람은 이유를 쉽게 찾지만 행복한 사람은 쉽게 찾을
수 없다. 아픈 사람은 나름대로 이유가 있지만 건강한 사람은
특별한 이유가 없는 것과 같다.

불행으로 가는 길은 분명해 보이지만 행복으로 가는 길은 분명
하지 않다. 행복하지 않다고, 불행하다고 생각하는 사람은 정
말 불행한 사람이다. 삶에서 행복한 순간은 짧고 대부분의 시
간은 고만고만한 시간이기 때문이다.

행복한 사람은 불행한 일이 있어도 삶의 힘든 한순간으로 담담
하게 받아들인다. 불행한 사람은 행복한 이유보다 불행한 이
유를 더 많이 찾아내고는 자신이 행복하지 않다고 말한다. 행
복한 사람은 힘든 일이 있어도 즐거운 일을 더 많이 생각하는
사람이다.

우리는 행복을 원하면서도 지금 와있는 행복을 잡지 않고 멀리
서 가물거리는 행복이 오길 기다린다.

083 기억이 안 난다면

잘 노는 사람이 일을 즐길 수 있고
잘 웃는 사람에게 웃을 일이 더 많이 생긴다.

-더글라스 밀러, 영국 자기계발 전문가

◑

마지막으로 노래한 것은 언제인가?

기억이 안 난다면 아픈 사람이다.

마지막으로 춤을 춘 것은 언제인가?

기억이 안 난다면 오늘을 산 사람이 아니다.

마지막으로 책을 읽은 것이 언제인가?

기억이 안 난다면 쇠퇴하는 사람이다.

마지막으로 웃은 것은 언제인가?

기억이 안 난다면 불행한 사람이다.

마지막으로 운 것이 언제인가?

기억이 안 난다면 메마른 사람이다.

쾌락은 돈으로 살 수 있지만

한순간의 쾌락이 곧 행복을 의미하지는 않는다.
쾌락을 행복과 동일시할 때 인간은 불행해지는 법이니,
쾌락을 좇을수록 만족은 멀어진다. 이는 쾌락의 역설이다.

-김형철,《철학의 힘》

행복은 쾌락과 비슷하면서도 다르다.
쾌락은 돈으로 살 수 있지만 행복은 돈으로 살 수 없다.
쾌락은 말초신경을, 행복은 영혼을 만족시킨다.
쾌락은 아픈 상처를, 행복은 즐거운 추억을 남긴다.
쾌락은 도파민에 의한 것이고,
행복은 세레토닌에 의한 것이다.
쾌락은 점점 더 큰 자극에 만족하지만
행복은 작은 것에도 만족할 수 있다.
쾌락은 일시적이지만 행복은 지속적이다.

나는 춤출 때는 춤추고 잠잘 때는 잠잔다.
아름다운 과수원을 혼자 거닐 때 때로는 내 생각이 산책과는 상관없는
일들로 방해를 받지만 나는 곧 그 생각들을 산책으로, 과수원으로,
고독의 감미로움으로, 나 자신에게로 돌아오게 한다.

- 몽테뉴, 《수상록》

일상에서 어떤 일을 할 때 대부분 정신은 다른 데서 헤맨다. 이를 마음의 방황(mind wandering)이라고 한다. 지금, 여기에 의식적으로 초점을 맞추는 것이 알아차림(mindfulness)이다. 지금 여기에 집중하는 것은 어렵다. 밥 먹을 때 밥 먹고, 대화할 때 대화하고 공부할 때 공부하기란 쉽지 않다. 몸은 여기서 이것을 하는데 마음은 저기서 다른 것을 생각한다. 어렸을 때는 빨리 어른이 되고 싶고, 어른이 되어서는 다시 어린 시절로 돌아가고 싶어 한다. 살면서는 죽는 것을 걱정하고 죽을 때는 좀 더 살고 싶어 한다.

독신은 기혼자의 둥지를 부러워하고 기혼자는 독신의 자유를 부러워한다. 백수는 취업자의 안정을 부러워하고 취업자는 사표를 꿈꾼다. 늘 더 큰 집을 꿈꾸고 배우자와 살면서도 자신의 이상향이 어딘가에 있을 거라고 생각한다. 지금, 여기를 알아차리고 집중하는 것이 삶의 핵심이며 행복의 비결이다.

꽃향기를 언제 맡을 것인가

행복하기로 결심하는 순간 행복이 찾아온다.
희망을 갖기로 결심하는 순간 절망은 저 멀리 사라진다.
내면의 열정을 따르면서 끊임없이 노력할 때
우리는 비로소 더 많은 행복을 찾을 수 있다.

- 탈 벤 샤하르, 미국 행복학 교수

◑

행복을 바라지만 행복한 웃음을 짓는 사람은 적다.

행복이 오기를 기다리면서 문을 열어주지 않는다.

그 문은 내 마음 안에 있다.

삶을 연기(延期)하지 말라.

지금 꽃향기를 맡아라.

내일 그 꽃이 시들어버릴지도 모른다.

사랑을 연기하지 말라.

내일 그 사랑이 떠날지도 모른다.

삶을 연기(演技)하라.

햄릿처럼 걷지 말고 찰리 채플린처럼 걸어라.

행복한 사람처럼 보이면 정말 행복해진다.

087 인생은 소풍처럼

우리는 수명이 짧은 것이 아니라
많은 시간을 낭비하고 있는 것이다. 인생은 충분히 길다.
잘 쓰기만 한다면 수명은 큰일을 해내기에도 충분하다.

-세네카, 고대 로마 정치인

◑

하루를 의미 있게 살아보려고 노력하지만 생각대로 안 되는 게
삶인가.

지나간 시간이 남은 시간보다 훨씬 많은 나이가 되니 시간의
소중함을 더욱 절실하게 느낀다. 와야 할 시간은 반드시 오고
야 만다. 사랑하는 사람이 떠나야 할 시간도 어김없이 올 것이
고, 나 자신이 떠나야 할 시간도 반드시 온다. 그때가 언제인
지 모를 뿐.

늙는 것이 아쉬운 것이 아니라 삶을 제대로 살아보지 못했는데
시간이 다 가버린 것이 아쉬운 것이다.

많은 것을 하기에는 인생이 짧지만 반드시 하고 싶은 일을 하
기에는 충분하다. 많은 사랑을 남길 수는 없지만 몇몇 사람에
게 사랑을 남길 수는 있다. 하루하루를 소풍처럼 눈부시게 살
다가 떠날 때가 되면 미련 없이 '나의 삶은 즐거운 소풍이었다'
고 말하며 떠날 수 있도록 살았으면 좋겠다.

088 아는 것이 힘? 아는 것이 행복이다

"아는 것이 힘이다." 아니, 아는 것이야말로 행복이다. 폭넓고 깊이 있
는 지식을 소유함으로써 무엇이 참된 목적이며 어떤 것이 보다 가치 있
는 것인지 분별할 수 있을 것이기 때문이다.

-헬렌 켈러,《사흘만 볼 수 있다면》

삶 전체를 바라보는 안목이 있어야 행복을 느낄 수 있다. 문명
세계와 거리가 있는 부탄 사람들이나 자신만의 세계에서 사는
자연인들의 행복보다 사람들 속에서 희로애락을 느끼면서 자
신의 행복을 느끼는 것이 더 충만된 행복이 아닐까.

김형석 연세대 명예교수는 "65세에서 75세까지가 인생에서 가
장 아름다운 시절"이라고 했다. 이것은 지식과 경륜 그리고 인
격을 갖춘 사람에게서 가능한 일이다. 이 시기에 가장 힘든 시
간을 보내는 사람들도 많다.

존 스튜어트 밀의 "배부른 돼지보다 배고픈 소크라테스가 낫
다."는 말이 나이가 들수록 마음에 와닿는다. 단순함이 주는
만족보다 알아야 할 것을 알면서 그 너머에서 오는 만족이 더
깊은 행복을 준다. 노년은 체력과 능력에는 한계를 느끼지만
삶에 대한 성찰에서 오는 충만한 행복을 느낀다. 젊음이 계곡
물이라면 노년은 강물이다.

089 몰입 후에 오는 행복

삶을 훌륭하게 가꾸어주는 것은 행복감이 아니라 깊이 빠져드는
몰입이다. 몰입해 있을 때 우리는 행복하지 않다.
행복을 느끼려면 내면의 상태에 관심을 기울여야 하고, 그러다 보면
정작 눈앞의 일을 소홀히 다루기 때문이다.

－미하이 칙센트미하이,《몰입의 즐거움》

행복을 논하는 사람은 행복하지 않다.

행복을 지나치게 추구하는 사람도 마찬가지다.

찾는다고 해서 찾아지는 것이 아니기 때문이다.

행복은 몰입했을 때 찾아오는 부산물이다.

몰입하고 있는 사람은

자신이 몰입하고 있다는 사실을 잊는다.

행복한 사람도 마찬가지다.

시간이 지나고 나서야 그때 행복했다는 것을 알게 된다.

행복은 몰입에서 벗어났을 때 잠시 느껴지는 황홀함이다.

아내는 정원 일을 할 때 몰입한다.

뒷모습을 봐도 알 수 있다.

일을 마치고 흘린 땀을 닦을 때는 정말 행복하게 보인다.

090 어제를 사는 사람, 내일을 사는 사람

> 천국은 관념이 아니다. 이 삶 너머의 세계가 아니다.
> 우리가 지금 여기에 있을 수 없다면, 미래의 그 어디에서도 천국은
> 존재하지 않는다. 지금 이 순간 삶 속으로 깊숙이 들어가라.
>
> -틱낫한

우리는 과거에 얽매여 얼마나 많은 이 순간을 놓치고 있는가. 오지 않은 미래를 걱정하며 현재를 얼마나 놓치고 살아가고 있는가.

지금, 여기라는 천국에 살면서도 천국을 누리지 못하고 하루에도 몇 번씩 지옥을 만들고 있지는 않은가. 천국은 우주 공간 어디에 존재하는 것이 아니라 바로 '이 순간, 여기'에 존재한다. 몸이 있다고 해서 존재하는 것이 아니라 깨어 있어야 진정으로 존재하는 것이다. 나와 함께 사는 사람이 최고로 느껴지면 바로 여기가 천국이다.

이 순간을 살지 못하면 삶이 껍데기밖에 남지 않는다. 우리가 사는 것은 지금 이 순간이며 과거, 현재, 미래가 따로 있는 것이 아니다. 지금이라는 시간 외에 다른 시간은 결코 존재하지 않는다는 것을 많은 시간을 흘려보내고서야 깨닫게 된다.

091 유쾌한 인생

가장 명백한 지혜의 징후는
항상 유쾌하게 지내는 것이다.

-몽테뉴

유쾌함은 행복보다 더 긍정에너지이다.

행복이 정적이라면 유쾌함은 동적이다.

행복이 세레토닌이라면 유쾌함은 엔돌핀이다.

유쾌함은 단순히 즐겁게 지내는 것이 아니라 자신의 삶을 긍정적으로 받아들이고, 자신이 가지고 있는 것으로 더 나은 삶을 살아가는 자세이며, 어려움과 고통 속에서도 행복을 찾을 수 있는 능력이다. 피상적인 즐거움이 아니라 균형 잡힌 삶과 성찰을 통해 얻어지는 깊은 만족이다.

내 안에서 일어나는 감정을 살펴보되 얽매이지 않아야 유쾌함을 유지할 수 있다.

부정적인 감정이 올라오더라도 휘둘리지 않고 바라보는 지혜와 자신의 행복을 상대에게 줄 수 있는 여유가 있어야 한다.

5장

관점

092 나쁜 날씨란 없다

햇빛은 달콤하고, 비는 상쾌하고,
바람은 시원하며, 눈은 기분을 들뜨게 만든다.
세상에 나쁜 날씨란 없다.
서로 다른 종류의 좋은 날씨만 있을 뿐이다.

-존 러스킨, 영국 예술평론가

◑

나쁜 날씨란 없다.
바라지 않은 날씨만 있을 뿐이다.
소풍을 가는 사람에게 비는 슬픔이다.
나무를 심는 사람에게 비는 기쁨이다.

선한 사람과 악한 사람이 따로 있는 것은 아니다.
내가 잘 해주면 천사가 될 수도 있고
내가 못 해주면 악마가 될 수도 있다.

절대 선도 절대 악도 없다.
나에게 좋으면 선이고
나에게 나쁘면 악이 되는 것이다.

093 오리는 물속에서도 젖지 않는다

남들의 평가는 어디까지나 내가 나를 더 잘 알기 위한 여러 정보 중 하나
일 뿐 나를 재는 절대적 기준이 아니다. 자존감은 내가 나에 대해 내리는
주관적 평가이다. 그 기준은 '내가' 만드는 것이다.

- 박진영,《내 마음을 부탁해》

날아오는 돌멩이는 무수히 많다.
나를 향한 비판의 목소리는 항상 있다.
그때마다 마음에 상처를 받아야 할 것인가.
세상의 돌멩이를 다 없앨 수도 없고
수시로 날아오는 돌멩이를 원망할 수도 없다.
어떻게 해야 세상으로부터 나를 지킬 수 있을까.
바로 나 자신을 깨지지 않는 큰 그릇으로 바꾸는 것이다.
환경을 바꿀 수 없으면 나를 바꾸는 것이 지혜다.
나를 스트레스에 견딜 수 있도록 담금질해야 한다.
오리는 물속에서도 젖지 않고
연꽃은 진흙 속에서도 더러워지지 않는다.
외부의 수많은 병균으로부터 우리 몸을 지킬 수 있는 것은
항체가 있기 때문이다. 마음에도 에어백이 필요하다.

094 비행기는 역풍에 이륙한다

모든 것이 당신에게 불리한 것처럼 보일 때,
비행기는 순풍이 아니라 역풍에 이륙한다는 것을 기억하라.

-헨리포드

◑

삶이 힘들 때 '인생이 바람 잘 날 없다'는 말을 한다.
바람이 없는 삶이 좋은 것인가,
순풍이 좋은 것이고 역풍은 나쁜 것인가?
연날리기에 가장 좋은 바람은 순풍이 아니라 역풍이다.
비행기도 이륙하거나 착륙하려면 역풍이 필요하다.
바람을 바꿀 수 없다.
순풍일 때는 즐기면서 쉬어갈 줄 아는 여유를 가지며,
역풍일 때는 그것을 이용하여
한 단계 도약할 수 있는 기회로 만드는 것이 지혜이다.

095 삶은 사소한 것에서 결정된다

큰일에는 진지하게 대하지만 작은 일에는
손을 빼는 것이 당연하다고 생각하는 것,
몰락은 언제나 여기에서 시작된다.

-헤르만 헤세

고만고만한 사람을 건드리지 마라.
사소한 일을 소홀히 하지 마라.
문제는 항상 여기에서 시작된다.
높은 담도 작은 돌 하나로 무너지고
잘 나가던 사람도 작은 실수 하나로 추락한다.
세상은 사소한 일과 평범한 사람으로 가득 차 있다.
큰 사람을 찾으려고 하면 아무도 못 만나고
큰일을 찾으려고 하면 아무것도 하지 못한다.
야구에서 홈런 한 방보다 작은 에러 하나가
승패를 가르는 경우가 더 많다.
처음부터 위대한 것은 없다.
사소한 것들이 모여 위대하게 되었을 뿐이다.

096 옛말에 틀린 말 가득하다?

이 세상에서 변하지 않는 유일한 것은
모든 것이 끊임없이 변하고 있다는 사실 뿐이다.

- 헤라클레이토스, 고대 철학자

◑

"옛말에 틀린 말 없다"는 말은 옳은 줄 알았다.
살아보니 그 말도 틀렸다.
금과옥조로 여기던 옛말이 틀린 게 한두 개가 아니다.
"남자가 눈물을 흘리면 안 된다."
"남자가 웃음이 헤프면 안 된다."
이 말을 믿었던 나는 메마른 사람이 되어 있었다.
"어른들 말을 들으면 자다가도 떡이 생긴다."
내가 어른이 되고 보니 그게 아니었다.
오히려 마누라 말을 잘 들어야 떡이 생기는 세상이다.

이제는 세상이 바뀌었다.
지금은 거꾸로 해야 되는 세상이다.
생각을 바꾸지 못하면 사는 것이 힘들다.

097 잔소리를 그만 듣는 법

간단하다.
여자들은 자신들이 정당한 대접을 받지 못한다고 느낄 때만
잔소리를 한다.

-루이드 베르니에르, 영국 소설가

잔소리는 하는 사람이 고치는 것보다
듣는 사람이 고치는 것이 더 쉽다.
아내의 잔소리가 그치기를 20년간 기다리다 안 돼
내가 양말을 세탁기에 넣고 벗은 옷은 옷걸이에 걸었다.
잔소리의 반은 줄었지만 아직도 반이 남아있다.
잔소리는 레퍼토리가 단순하다.
잔소리는 듣는 사람도 기분 나쁘지만
하는 사람도 기분 나쁜 건 마찬가지다.
잔소리는 하는 사람이 문제인가, 듣는 사람이 문제인가?
잔소리는 맞는 말인가 틀린 말인가?
말은 맞지만 하는 방식이 틀렸다.
잔소리에 상처를 받는 것은 틀린 말이 아니기 때문이다.
모두에게 맞는 말보다 나에게 맞는 말에 더 기뻐하고,
틀린 말보다 맞는 말에 더 상처를 받는 법이다.

문제는 상황이 아니라 나 자신이다

당신의 삶에도 겨울이 찾아올 수 있다.
하지만 어떤 사람은 얼어 죽고 어떤 사람은 스키를 탄다.

-토니 로빈스, 미국 작가, 심리학자

불행한 사람이 바람을 탓하며 울고 있을 때
지혜로운 사람은 돛의 방향을 바꾸어 원하는 곳으로 간다.
어떤 사건이나 사람에 대해 괴로워하는 이유는
상황을 있는 그대로 받아들이지 못하기 때문이다.
나에게 사건이 일어난 것을 그대로 받아들이지 못할 때
가장 고통스럽다.
나에게 일어나는 상황을 기꺼이 받아들여라.
상황을 받아들이는 것은 불행을 극복하는 첫걸음이다.
삶에는 좋은 일만 일어나지 않는다. 문제도 생긴다.
좋은 일이 있으면 안 좋은 일도 생길 수 있다는 것을,
다른 사람에게 일어나는 일이 나에게도 일어날 수 있다는 것을
받아들여라. 그걸 받아들이는 사람은 상황에서 자유로울 수
있지만, 그렇지 못하면 상황에서 벗어나지 못한다.

099 질문이 달라지면 삶이 달라진다

무엇과도 바꿀 수 없는 존재가 되기 위해서는
언제나 남과 달라야 한다.

- 코코 샤넬, 샤넬 설립자

◑

성공한 사람들은 남들과 다르게 생각한 사람이다.
다르게 생각한다는 건 쉬운 일이 아니다.
친모를 가리기 위해 아기를 반으로 자르라고 한
솔로몬 왕이 과연 지혜로운 왕일까?
아버지의 눈을 뜨게 하기 위해
인당수에 몸을 던진 심청은 과연 효녀일까?
어제와 같은 생각을 하면서 오늘을 보내는 사람이
과연 내일 다르게 살 수 있을까?
"너 자신을 알라."는 말은 과연 소크라테스의 말일까?
'옛말에 틀린 말 없다'는 그 말은 과연 맞는 말일까?
바라는 대로 다 이루어지면 행복할까?
꽃길만 걷는 게 축복일까?
다르게 생각하면 질문이 달라지고,
질문이 달라지면 삶이 달라진다.

100 디딤돌과 걸림돌의 차이

길을 가다가 돌이 나타나면
약자는 그것을 걸림돌이라고 말하고,
강자는 그것을 디딤돌이라고 말한다.

－토마스 칼라일, 영국 역사학자

같은 바다라도 날씨에 따라 다르게 보이는 것처럼
삶도 어떻게 보느냐에 따라 다르다.
회색을 칠하면 회색이 되고, 푸른색을 칠하면 푸르게 된다.
일곱 가지 색으로 칠하면 무지개도 될 수 있다.
나의 삶은 무슨 색일까? 오늘 내가 쓰는 물감에 달려 있다.
단조로운 물감으로 그림을 그리면서
세상이 재미없다고 말하지 말라.
다른 세상을 보려면 한 번도 사용하지 않은 물감을 쓰라.

객관적인 세계는 없다.
우리는 모두 하나의 세계에 살고 있지만
내가 해석한 나만의 세상에서 살고 있다.
나의 세상과 상대의 세상은 다르다.

잃고 난 후 비로소 알게 되는 것들

나는 내가 소유하고 있는 것에 대해
존중하는 법을 배운 적이 없었다. 나에게 중요한 건
언제나 내가 잃어버린 것들, 나를 떠나버린 것들이었다.

-김규나,《트러스트 미》

물고기가 물속에 있을 때는 모른다.
낚시 바늘에 꿰여 땅바닥에서 펄떡거릴 때까지는
자신이 얼마나 위대한 순간을 살았는지를.
더 큰 불행이 닥치기 전까지는 모른다.
얼마나 작은 일에 불평하고 힘들어 했는지를.

일상은 위대함과 작은 기적들로 가득 차 있지만
닫힌 마음 때문에 보지 못할 뿐이다.
행복한 나날을 보낼 때는 자신이 행복한 줄 모르다가
불행이 찾아오면 그제야 지난날이 행복했다는 것을
알게 된다.
가지고 있을 때는 소중함을 모른다.
잃었을 때 비로소 알게 된다.

102 스트레스를 친구로 만드는 법

스트레스와 불행은
자신이 처한 상황으로부터 오는 것이 아니라,
그 상황에 대처하는 방식에서 온다.

- 브라이언 트레이시

현악기의 줄은 적당히 당겨져야 아름다운 소리가 나고,
밭에 뿌린 씨앗도 흙을 적당히 덮어줘야 싹이 튼다.
적당한 스트레스는 삶의 활력이 된다.
일상에서 스트레스를 받지 않아야 한다는 강박관념이
더 큰 스트레스가 된다.
스트레스가 다 나쁜 것은 아니다.
과도한 스트레스가 나쁜 것이다.
같은 상황이라도 사람에 따라 느낌이 다르다.
비가 오면 구질구질해서 싫다는 사람이 있는가 하면,
빗소리를 들으며 음악을 즐기는 사람도 있다.
눈이 오면 아이처럼 좋아하는 사람도 있고,
차가 밀릴 것을 걱정하는 사람도 있다.
피할 수 없는 적당한 스트레스와 친구가 돼라.
적을 친구로 만들면 근심은 줄고 힘은 배가 된다.

인생은 장애물 경기

저것은 벽
어쩔 수 없는 벽이라고 우리가 느낄 때
담쟁이는 말없이 그 벽을 오른다

— 도종환, 〈담쟁이〉 중에서

인생은 꽃길만 걷는 것이 아니라 장애물 경기다.
하루하루 살아가는 게 드라마의 연속이다.
장애물 하나 뛰어넘고 안도의 한숨을 몰아쉴 때면
생각지도 않았던 또 다른 장애물이 나타난다.
부와 권력을 가진 사람이라고 장애물이 없는 것이 아니다.
다만 어떻게 극복하는가 하는 문제가 있을 뿐
그들에겐 더 큰 것이 있다.
장애물의 크기는 사람의 크기에 비례한다.
당신의 내공보다 더 큰 장애물이 나타나면
회피하거나 포기하지 말라.
장애물은 피하는 것이 아니라 극복하는 것이다.
내가 더 큰 그릇으로 도약하는 시험대라 생각하고 직면하라.
장애물이 하나도 없는 사람이 있다면
정신미약자이거나 보호대상자일지도 모른다.

모든 사람들이 관심 가져주기는 원하나
간섭 받기는 싫어하더군요.
관심이 돌봄이요 보살핌이라면 간섭은 참견이요 조정함입니다.
관심은 항상 상대방 중심이요 간섭은 자기중심입니다.

－김영자, 시인, 〈관심과 간섭〉 중에서

◑

난초에 물을 줄 때, 내가 주고 싶을 때가 아닌,
난초가 물을 필요로 할 때 주어야 한다.
관심은 난초에 물을 주는 것과 같다.
관심이 지나치면 간섭이 된다. 인간관계에서는 관심을 가지면
서 그것이 간섭이 되지 않도록 조심해야 한다. 사랑한다면서
지나쳐 간섭하고 상처를 주는 것도 바람직하지 않지만 간섭하
지 않는다며 무관심하게 대하는 것도 문제다.
관심은 상대방에 대한 사랑에서 나오지만 간섭은 내 욕심에서
나온다. 관심이 상대의 목소리를 듣는 것이라면 간섭은 나의
목소리를 내는 것이다.
관심이 없으면 상대의 가려운 곳을 긁어주지 못하고,
간섭은 가려운 곳을 지나치게 세게 긁어 상처를 입힌다.
관심과 간섭에 대한 판단은 내가 아니라 상대가 한다.
내가 관심이라 해도 상대가 간섭이라 생각하면 간섭이다.

105 꽃이 아름다운 이유

인생은 고통과 권태 사이에서
오락가락하는 시계추와 같다.

- 쇼펜하우어

삶은 고통과 행복이 섞여 있다.
가시밭길 인생도, 꽃길 인생도 없다.
항상 좋으면 좋은 줄 모르고, 오래 행복한 사람은 없다.
행복은 잠깐이고 무료한 일상은 길다.
행복은 고통을 극복했을 때 따라온다.

단조롭고 따분한 일상에서 관점을 바꾸면
이 세상이 작은 기적들로 가득 차 있다는 것을 알게 된다.
닫힌 마음으로 보면 그런 것들은 보이지 않는다.
꽃이 아름다운 것은 지기 때문이 아닐까.
조화는 아름답지만 변화가 없다.
아름다움은 변화 속에 있다.
변화에 적응하는 것이 생존의 조건이다.

타인이 당신과 의견이나 생각이 일치하지 않는 것은
너무나도 정상적인 일이다. 그렇다고 그가 반드시
당신의 적이거나, 대립되는 입장에 있는 것은 아니다.

－왕멍, 중국 작가, 《나는 학생이다》

결혼할 때 같은 성격이 좋은가, 아니면 다른 성격이 좋은가?
서로 비슷하면 잘 살 것 같지만 다른 성격이 조화를 이루며 살
아가는 것이 더 나은 것 같기도 하다. 우리나라 이혼 사유 1위
가 성격 차이라고 하는데, 사실일까?

두 손을 뻗어보라. 서로 반대 방향이다. 왼손과 오른손은 생긴
것이 같으면서도 다르다. 양손이 맞닿으면 비로소 완전한 하
나가 된다. 성격 차이는 있기 마련이다. 그것을 어떻게 맞추어
가는가 하는 것이 중요하다.

흔히 사람이 변했다고 하지만 그렇지 않다. 사람은 좀처럼 변
하지 않는다. 상대를 보는 눈이 달라졌을 뿐이다. 부부는 성격
차이를 좁혀가는 것이 아니라 서로의 차이를 인정해주고 사는
것이다. 성격 차이가 문제란 것은 나는 옳은데 상대가 틀렸다
는 데서 온다. 다른 성격을 서로 보완해주는 부부가 안정적으
로 행복한 가정을 꾸릴 수 있다.

자발적 빈곤의 필요성

내가 만약 알렉산더가 아니라면
디오게네스가 되고 싶다.

-알렉산더 대왕

모든 것이 풍부한 세상에서 행복한 사람보다 불행한 사람이 더 늘어나는 이유는 무엇일까?

원 안의 면적이 커지면 접하는 바깥 면적이 더 넓어지는 이치와 같다. 더 큰 문제는 욕망이 커지는 속도로 인해 발생한다. 인간이 얻을 수 있는 즐거움도 늘어나지만 욕망이 늘어나는 속도가 더 빠르다.

배고플 때 큰 힘이 나오고 빈곤한 상태에서 위대한 사상이 생긴다. 내리막길에서 빨리 달리는 차의 속도를 늦추려면 브레이크를 밟아야 하듯이 욕망의 속도를 늦추려면 자발적으로 빈곤한 상황을 만들어야 한다.

108 내가 생각하는 약점이
약점이 아닐지도 모른다

자신의 약점이나 모자라는 점을 숨기고 감추기보다는
있는 그대로 드러낼 수 있는 용기를 가진 자에게는
결국 길이 열리게 될 것이다.

-이드리스 샤흐, 영국 작가

약점을 가장 많이 생각하는 사람은 바로 자신이다.

타인은 나에게 관심을 가지지 않는다. 그들이 보고 싶은 대로
볼 뿐이다. 자꾸 생각하면 더 커지는 것이 약점의 특징이다.
당당하게 행동하면 도둑인 줄 모르는데 스스로 움츠리다가 잡
힌다. 약점이라 생각하는 것이 과연 약점일까?

강점이라고 생각하는 것이 생각만큼 크지 않고 약점이라고 생
각하는 것이 생각만큼 문제가 되지 않는다. 강점과 약점은 확
실하게 구분되는 것이 아니라 강점이 약점이 될 수도, 약점이
강점이 될 수도 있다. 경계가 희미하다.

살면서 문제가 되는 것은 약점이 있는 것이 아니라 강점이 없
는 것이다. 강점도 잘 못 쓰면 문제가 되고 약점도 잘 쓰면 약
이 된다.

약점은 숨길수록 커지고 강점은 드러낼수록 작아진다.

모방은 나쁜 것이 아니다

유능한 예술가는 모방하고,
위대한 예술가는 훔친다.

-피카소

◑

창조는 무에서 유를 만드는 것이 아니다. 기존에 있던 걸 재결합하여 새로운 가치를 만드는 것이다. 하늘에서 뚝 떨어지는 것은 없다. 모든 창조는 모방에서 시작된다. 모방은 나쁜 게 아니다. 소크라테스의 트레이드 마크인 "너 자신을 알라."는 말은 그가 한 말이 아니다. 델포이 신전에 있는 말이다.

성철스님이 자주 썼던 "산은 산이요, 물은 물이로다."라는 말도 송나라 때 선승 청원선사의 선시에서 빌려온 말이다. 맥아더의 고별 연설 명구절인 "노병은 죽지 않는다. 다만 사라질 뿐이다."는 군가의 후렴구를 인용한 것이다. 모차르트가 어려서 작곡한 일곱 편의 피아노 협주곡도 그의 창작이 아니다. 다른 작곡가들의 작품을 차용한 것에 지나지 않는다고 한다. 창조의 아이콘인 스티브 잡스 또한 그가 직접 개발한 기술은 없다. 스마트폰을 그가 만들었지만 대부분 기존에 있던 기술을 다른 것들과 결합했을 뿐이다.

110 빨리빨리 해서 남는 시간에 뭐해?

급행열차를 놓친 것은 잘된 일이다
조그만 간이역의 늙은 역무원
바람에 흔들리는 노오란 들국화
애틋이 숨어있는 쓸쓸한 아름다움
하마터면 나 모를 뻔하였지

- 허영자, 〈완행열차〉 중 일부

"사슴을 좇는 사람은 산을 보지 못한다."는 말이 있다.
작은 하나를 잡으려다 삶 전체를 놓칠 수 있다.
효율은 속도에 비례하지만 사색은 속도에 반비례한다.
빠르게 돌아가는 세상이다. 느린 것은 답답하고 불안하다.
자동차도 빨리, 짜장면도 빨리, 걸음도 빨리,
모든 것이 빨라야 직성이 풀린다.
말도 줄이기 위해 온갖 신조어를 만들어낸다. 그렇게 해서 남는 시간을 어디에 쓸지 모른다. 바쁘게 사는 것이 좋다고 위안을 하지만 많은 것을 놓치며 살아간다. 길에 핀 꽃에 눈길을 줄 시간도, 꽃향기를 맡을 시간도 없다. 하늘의 구름을 볼 시간도, 새소리를 들을 여유도 없다.
몸이 바쁠수록 마음은 공허해진다.
천천히 걸을 때 비로소 미처 보지 못한 것을 볼 수 있다.

111 선과 악의 뿌리는 하나다

신과 악마가 싸우고 있다.
그 싸움터는 인간의 마음이다.

- 도스토옙스키

◑

성선설을 주장한 맹자나 성악설을 주장한 순자는 삶의 한 면만
보았다. 삶은 선과 악이 함께 존재한다는 것을 몰랐다.

세상에는 선과 악, 행복과 불행, 진실과 거짓이 섞여 있다. 선
으로만 가득한 세상도, 악으로만 가득한 세상도 없으며, 행복
하기만 한 사람도, 불행하기만 한 사람도 없다. 오늘의 진실이
내일의 거짓이 될 수도 있고, 거짓인 줄 알았는데 진실로 판명
될 수도 있다.

레오나르도 다 빈치는 〈최후의 만찬〉에서 예수를 배반한 유다
의 모델을 어렵게 찾았는데 그가 바로 예수의 모델과 같은 인
물이라는 사실을 알고 놀랐다고 한다.

사랑으로 가득한 사람도 추악한 모습으로 변할 수 있다. 잠시라
도 없으면 못 살 것 같은 사람도 미움과 증오로 돌아설 수 있다.
선과 악, 사랑과 증오는 같은 뿌리에서 나온 두 개의 가지다.

112 타성에서 벗어나는 법

어제와 똑같이 살면서 다른 미래를 생각하는 것은
정신병 초기증세이다.

-아인슈타인

◑

부부가 오래 살다 보면 필연적으로 타성에 젖게 마련이다. 그
것에서 벗어나는 길은 상대방을 바라보는 자신의 마음과 태도
를 바꾸는 것이다. 상대는 좀처럼 바뀌지 않는다. 결혼을 하고
나면 상대가 어떤 사람인지가 중요한 것이 아니라 내가 어떻게
보느냐가 더 중요하다. 배우자를 사랑하는 가장 좋은 방법은
지금 그대로의 모습에서 새로운 것을 찾는 것이다. 특별한 사
람은 없다.

새로운 것에서 특별한 것을 찾는 것은 누구나 할 수 있다. 익숙
한 것에서 새로운 것을 찾는 것이 중요하다. 칸트는 매일 같은
길을 산책하면서 자신의 철학을 완성했다. 같은 사람에게서
매일 다른 향기를 맡을 수 있다면 다른 사람과 같이 사는 것과
같다.

113 진정한 자유

인간의 자유란 원하는 것을 하는 데 있는 것이 아니라
원하지 않는 것을 하지 않는 데 있다.

-장 자크 루소, 스위스 계몽주의 철학자

◑

살아서도 죽어서도 '자유'를 외친 영혼, 《그리스인 조르바》의
니코스 카잔차키스는 묘비명에 이렇게 썼다. "아무것도 바라
지 않는다. 아무것도 두렵지 않다. 나는 자유다."
많은 것을 할 수 있어 행복한 사람보다 아무것도 하지 않고도
행복한 사람이 더 행복한 사람이다.
자유란 공기와 같다. 돈과 더 가깝다. 없으면 살 수 없지만 많
다고 해서 반드시 행복한 것은 아니다. 물고기가 물속에서 물
을 의식하지 못하는 것처럼 자유는 누리고 있을 때는 모른다.
없을 때 비로소 소중함을 알게 된다. 사지 않아도 되는 것을 많
이 사면 나중에 소중한 것을 팔아야 하고, 하고 싶은 말을 참지
못하고 다 하면 나중에 듣고 싶지 않은 말을 들어야 한다.
현대인들은 많은 자유를 누리지만 영혼은 자유롭지 못하다.
자유란 마음대로 할 수 있는 것이 아니라 얽매이지 않는 마음
이다.

진정한 무위(無爲)

무위란 아무 것도 안 하는 상태가 아니다.
무위란 무슨 일이든 할 수 있도록 자유로운 상태다.

- 플로이드 델, 미국 소설가, 평론가

◑

마늘이나 양파는 봄에 심는 게 아니라 늦가을에 심어서 겨울을
견뎌낸 후 초여름에 수확한다. 겨울에 자라는 것은 아니지만
성장에너지를 모아두었다가 봄이 되면 왕성하게 자라도록 하
는 것이다.

무위(無爲)는 단순히 휴식이나 한가함이 아니다. 진정한 무위
는 더 소중한 것을 위하여 자신을 돌아보는 시간을 갖는 것이
며, 타인이나 새로운 것을 받아들일 수 있는 넉넉함을 키워나
가는 것이다.

창의적인 사고나 삶에서 변화의 변곡점을 만드는 것은 이런 과
정을 통해 발현된다.

바쁘게 산다는 것은 열정과 능력이 있는 것이 아니라 일의 우
선순위를 모르고, 하지 않아도 되는 일을 과감히 버릴 수 있는
용기가 없는 것이다. 하지 않아도 되는 일을 잘하는 것보다 그

런 일을 하지 않는 것이 지혜이고 능력이다.

자신이 현재 바쁘다면 중요한 일이 무엇인지 파악하고 불필요
한 일을 줄여나가는 것이 중요하다. 여유는 그것이 가장 필요
한 사람에게 없기 마련이다. 시간이 부족하고 정신없이 바쁠
때야말로 자신을 돌아보고 일과 세상을 새롭게 보는 여유, 즉
무위의 시간을 가질 필요가 있다.

6장

성장

115 하나의 세계를 깨뜨리는 일

새는 알에서 나오려고 투쟁한다. 알은 세계이다.
태어나려는 자는 하나의 세계를 깨뜨려야 한다.
새는 신에게로 날아간다. 신의 이름은 아브락사스.

- 헤르만 헤세, 《데미안》

낡은 껍질을 벗지 못하면 성장은 거기서 멈춘다.
껍질을 깨는 것은 열린 마음을 가지는 것이다.
새로운 생각을 받아들이기 위해서는 기존의 틀을 깨고 자신의
생각을 놓아버릴 수 있어야 한다. 진정한 공부는 쌓는 것이 아
니라 허물고 놓아버리는 것이다.
놓아야 새로운 것을 받아들일 수 있다.

옳은 생각도 시대가 바뀌면 변하기 마련이다. 시대가 바뀌었
는데도 과거의 생각을 고집하는 것은 몸집이 커졌는데도 어렸
을 때 입던 옷을 고집하는 것과 같다.
지식이 마른 오징어처럼 딱딱해서는 안 된다. 세상이 바뀌어
도 과거의 것을 고집하는 사람은 공부를 하지 않는 사람이다.

116 우리는 왜 질문하지 않는가

사람을 판단하려면
그의 대답이 아니라 질문을 보라.

-볼테르, 프랑스 작가

◑

우리나라 사람들은 대답은 잘 하는데 질문은 좀처럼 하지 않는다. 질문의 기회를 주어도 마찬가지다. 왜 그럴까?

두 가지 이유를 들 수 있다.

첫째는 문제의식이나 자신의 고유함이 없기 때문이다. 문제의식은 다른 사람들이 가는 길을 가지 않고 다른 길을 찾는 것이다. 만들어진 길을 가는 것은 쉽지만 다른 길을 만드는 것은 어렵다. 문제의식과 자신의 고유함이 있는 사람만이 질문을 할 수 있다. 명령이나 질문은 아무나 하지 못한다. 힘이 있어야 명령을 하고 수준이 되어야 질문을 할 수 있다.

둘째는 묻는 것을 부끄럽게 생각하기 때문이다. 자존감이 약한 사람들이다. 질문에는 좋고 나쁨이 없다. 너무 사적인 것만 아니라면 궁금한 내용 뭐라도 좋다. 사람들은 자신에게 물어오는 것을 더 좋아한다. 상대가 질문을 하면 대답할 준비가 되어 있는 사람에게는 특히 질문의 효과가 크다.

117 좋은 질문이 좋은 답을 만든다

현명하고자 한다면 현명하게 질문하는 방법,
주의 깊게 듣는 태도,
그리고 더 이상 할 말이 없을 때 침묵하는 방법을 알아야 한다.

-톨스토이

◐

대화의 주인은 말하는 사람이 아니라 듣는 사람이다.
질문은 상대를 주인공으로 만드는 작업이다.

둘째 딸이 결혼할 때 혼주로서 두 사람에게
세 가지 질문을 했다.
첫 번째 질문,
"두 사람은 서로의 마음을 얻기 위해 어떤 노력을 하겠는가?"
신랑은 "상대가 좋아하는 일을 많이 하겠다."고 말했고,
신부는 "상대가 싫어하는 일을 하지 않겠다."고 했다.

두 번째 질문은
"세월이 흘러 서로의 사랑이 식는다면 어떻게 하겠는가?"
신랑은 나태주의 〈풀꽃〉을 패러디하여 "아내를 자세히 보고,
오래 보면서 좋은 점을 찾도록 노력하겠다."고 말했고,

신부는 "그때에도 지금 있는 그대로를 사랑하겠다."고 했다.

마지막 질문은
"가장 이상적인 부부는 어떤 모습이라고 생각하는가?"
신랑은 '서로 존중하며 상대가 나와 다르다는 것을 인정하는
것'이라고 말했고,
신부는 '두 사람이 같은 곳을 바라보는 것'이라고 했다.

'짜고 치는 고스톱'이라고 한 하객도 있었다.
물론 각본은 있었다.
질문에는 질문자의 생각이,
대답에는 답변자의 생각이 들어 있다.
질문이 좋아야 좋은 대답이 나온다.

남이 가르쳐준 정답은 쉽게 잊혀지지만
자신이 찾고 대답한 정답은 오래 기억된다.

118 왜 인문학인가

애플의 창의적인 IT제품은 기술과 인문학의 교차점에
서있기 때문에 가능했다.

-스티브 잡스

어떤 사람이 인문학을 공부하는 할머니에게 물었다.
"할머니, 밥이 나오는 것도 아닌데 이런 공부를 왜 하세요?"
할머니는 우문현답을 했다.
"밥이 나오는 것은 아니지만 밥맛이 좋아진다."

인문학이 밥이 나오는 것도 아니고 돈이 되지는 않지만 자신을
알고, 사람을 알고 인간다운 삶을 살아갈 수 있게 한다. 아울
러 삶의 의미와 행복 그리고 죽음에 대해서도 나름대로의 생각
을 가질 수 있게 한다.
인문학의 목적은 사람으로 가치 있는 삶을 위한 것이다.
문학과 역사 그리고 철학 등이 그것이다.

문학이 삶을 바꿀 수 있을까?
소설은 이야기를 통해 세상을 보는 눈과 사건을 해결해 나가는

방법과 지혜를 가르쳐줄 뿐 아니라 삶을 다양한 시각으로 바라
볼 수 있게 한다.

시는 인간의 직감적 성찰의 산물이자 가장 압축된 언어이며,
삶의 본질을 꿰뚫어보는 감수성이 있다. 시어(詩語)를 익히면
사물의 이면을 볼 수 있고 소통과 정서에 향기가 묻어난다.

역사는 반복된다. 역사는 과거의 기록이기도 하지만 현시대를
살아가는 사람들의 이정표가 된다. 시대가 달라도 인간의 사
고와 행동 유형에는 일관된 특성이 있다. 그것을 앎으로써 삶
을 배우고 불확실한 미래를 예측하고 대비할 수 있다.

철학은 삶에 대한 통찰력을 길러준다. 자연과 사람에 대한 근
본적인 것을 생각하고 판단, 비판하는 능력을 키워준다.

철학의 궁극적인 목표는 삶과 죽음에 대한 공부를 하여 의미
있는 삶을 살다 아름답게 마무리를 하고 떠나는 내면의 힘을
키우는 것이다.

삶이 따분할수록 문학을 하라.
입이 메마르고 거칠어질수록 시를 읽어라.
사람과 미래가 두려울 때 역사를 공부하라.
살아가는 의미가 없고 죽음이 두려울수록 철학을 하라.

119 어떤 책을 읽을 것인가?

당신에게 가장 필요한 책은 당신으로 하여금
가장 많이 생각하게 하는 책이다.

-마크 트웨인

◖

뷔페식당에서 식사를 할 때 아무거나 먹다 보면 정말 맛있는 음식을 못 먹게 되듯이 아무 책이나 읽다 보면 정말 좋은 책을 읽을 시간이 부족하다. 우리는 한정된 시간과 자원을 가지고 살아야 하기 때문에 책을 선정할 때 잘 골라야 한다.

내가 생각하는 좋은 책은 밑줄 칠 곳이 많은 책이다. 중요한 부분은 밑줄을 치면서 생각을 메모하며 읽는 것이 좋다. 문학보다는 철학책이 밑줄 칠 곳이 많다. 문학과 역사는 너무 방대할 뿐만 아니라 그 효과가 금방 나지 않는다. 먼저 동양철학부터 읽어라. 노자, 장자, 논어, 한비자, 열자 등 고전부터 공부하면서 차차 영역을 넓혀가면 될 것이다. 서양철학을 공부하고 싶으면 쇼펜하우어와 니체부터 시작하는 것이 좋다.

나는 학창시절에 동양고전을 많이 읽었다. 좋게 말하면 내면이 깊어졌고, 나쁘게 말하면 애늙은이가 된 것 같다. 서양철학은 30대 이후에 주로 읽었다.

120 선문답

훌륭한 스승에겐 단 하나의 목적만이 있을 뿐이다.
즉 제자들이 갖고 있는 숨은 힘을 일깨워 그들 스스로
자기가 누군가를 깨닫게 하는 일이다.

- 오경웅, 중국 작가, 《선의 황금시대》

옛날, 벚꽃 아래서 대화를 나누던 스승과 제자가 있었다.
제자가 물었다. "스승님! 죽음이 무엇입니까?"
활짝 핀 꽃을 가리키며 스승이 말했다.
"지금 핀 꽃이 작년에 핀 꽃과 같은 꽃이냐, 다른 꽃이냐?"
제자는 대답을 못하였지만 그 순간 깨달았다.
스승이 하는 일은 도를 제자들에게 쥐어주는 것이 아니라 그들 속에 잠자고 있는 직관을 깨워 스스로 잡게 하는 일이다.
불가에서도 제자가 도를 물으면 선문답식으로 대답했다.
"뜰 앞의 잣나무" "차나 마셔라"
"밥을 먹었으면 가서 그릇을 씻어라" 스승은 제자들의 근기에 따라 가르침이 달랐다. 눈이 소복이 쌓인 소나무 가지에 새가 한 마리 앉아도 가지가 부러지듯이 공부가 무르익은 제자는 스승의 한 마디에 깨우침을 얻는다. 좋은 스승은 제자에게 많은 말을 하지 않는다. 필요한 때에, 필요한 말로 깨닫게 해준다.

121 공부하기 좋은 때

노를 젓다가 노를 놓쳐버렸다.
비로소 넓은 물을 돌아다보았다.

- 고은, 《순간의 꽃》

◑

소중한 것을 잃었을 때 세상을 다른 눈으로 보게 된다. 삶의 폭풍에 휩쓸리지만 않으면 고통으로 인해 폭풍 성장한다. 고통을 받을 때 비로소 나의 부족함을 알게 된다. 위기에 처했을 때가 가장 공부하기 좋은 때이다. 나에게 문제가 닥쳤을 때, 다른 관점에서 볼 때 비로소 그 문제로부터 벗어날 수가 있다.

사고가 전환되려면 많은 공부가 필요하다. 생각을 바꾸는 것은 어렵다. 그러나 감당하기 어려운 문제에 직면하면 지금까지의 사고와 다르게 생각하게 된다.

잘 나갈 때는 자만과 아집에 빠져 자신이 부족하다는 것을 느끼지 못한다. 내가 넓은 물을 돌아다보았을 때는 이미 잘 나가던 회사를 나온 뒤였다. 내가 건강의 중요성을 깨달았을 때는 이미 심장에 이상이 생기고 난 후였다. 깨달음은 언제나 소중한 것을 잃고 난 뒤였다. 소를 잃기 전에 외양간을 고칠 수 없었던 사람은 소를 잃은 뒤라도 고쳐야 한다.

122 글을 쓴다는 것

모든 책 중 나는 오직 사람이
그 자신의 피로 쓴 것만을 좋아한다.

-니체

◑

말이 그 사람의 그릇이라면 글도 그렇다.
좋은 사람에게서 좋은 글이 나오고,
향기로운 사람에게서 향기로운 글이 나온다.
한 권의 책을 쓴 사람은 또 다른 하나의 세계를 가진다.
책은 타인을 자기 세계로 초대하여
지식과 생각을 공유할 수 있게 한다.

글 쓰는 사람이 추구하는 목표는
글과 자신이 일치하는 것이다. 방법은 두 가지다.
먼저 자신의 수준에 맞는 글을 쓰는 것이다.
다음은 자신의 수준 이상으로 쓰고
이후 글과 같은 수준으로 자신을 올리는 것이다.
둘 다 어렵긴 마찬가지다.
작가는 어려움을 넘어서는 매력이 있기 때문에 글을 쓴다.

하나만 아는 것은 위험하다

단 한 권의 책밖에
읽은 적이 없는 인간을 경계하라.

- 벤저민 디즈레일리

◗

"악화가 양화를 구축한다." 영국의 경제학자인 토마스 그레샴이 한 이 말을 중학교 사회시간에 제대로 이해하지 못했다. '구축'이 문제였다. 쫓아낸다는 뜻인 '驅逐'을 쌓다는 뜻의 '構築'으로 이해했기 때문이다.

하나의 생각에 꽂히면 다른 것을 볼 수 없다. 사람도, 진리도 마찬가지다. 가끔 '책을 읽지 마라'는 사람을 본다. 성철스님이나 법정스님 같은 분이다.

성철스님은 평생 2만 권을 읽었다. '책을 읽고 그 책에 갇히지 마라.'는 뜻이지 정말 읽지 마라는 것이 아니다. 법정스님은 팔만대장경을 다 번역한 분이며 저서만 해도 수십 권이 넘는다. 책에 읽히지 말라, 즉 책을 읽되 그 책에 얽매이지 말고 자유로워져야 한다는 가르침이다.

인터넷이 아무리 발달해도 책을 대체할 만한 것을 아직 찾지 못했다.

124 헤밍웨이의 《노인과 바다》

피어나지 않으면 꽃이 아니고, 노래 부르지 않으면 새가 아니듯,
글을 쓰지 않으면 나는 더 이상 작가가 아니다. 그러나 창작은
고도의 집중력과 체력이 요구되는 극한의 정신노동과 같은 것이다.

-최인호, 《최인호의 인생》

헤밍웨이는 "모든 초고(草稿)는 걸레다."라는 말을 했다.
처음부터 완벽하게 글을 쓰는 사람은 없다.
《노인과 바다》는 200번도 넘게 고쳤다고 한다.

책을 쓰는 것은 어렵다. 산고(産苦)에 비유하기도 한다. 책을
쓰는 것이 쉬운 것이라면 작가는 쓰지 않았을 것이다.
고통스러운 것을 알면서 왜 쓰는 것일까?
안 쓰면 더 괴롭기 때문이다. 쓰지 않겠다고 생각한 순간 더 큰
고통이 오는 것을 느낀다. 쓰는 것보다 쓰지 않는 고통이 더 크
기 때문에 또 쓰게 된다. 그런 산고를 통해 옥동자가 탄생한다
는 것을 알고 있기 때문이다.
절망하면서 쓰고 희망을 가지고 고치는 것이 작가의 숙명이자
살아가는 의미이다.

125 여러 번 읽는 책

> 혹시 우리가 책의 홍수시대를 맞이하여 안타까워해야 한다면,
> 그것은 우리의 지능과 감수성을 발달시키는 최선의 방법은 단순히
> 더 많은 책을 읽는 것보다는 오히려 몇 권의 책을
> 여러 번 숙독하는 것임을 느끼기 때문일 것이다.
>
> -알랭 드 보통, 《무신론자를 위한 종교》

내게는 열 번 가까이 본 책도 있다. 같은 책을 시차를 두고 읽으면 그때는 느끼지 못한 것을 느낄 수가 있고, 내용이 생각으로 바뀌고, 생각이 행동으로 나오는 것을 느낀다.

음식이 몸을 만들고, 책이 정신을 만든다. 사람은 잘 바뀌지 않지만 사람을 바꿀 수 있는 것이 책이다. 책을 읽는다고 다 바뀌는 것은 아니지만 바뀔 준비가 되어 있으면 변한다. 뱀이 허물을 벗으면서 성장하듯이 사람은 책을 읽으면서 성장한다. 나를 바꿀 수 있는 책을 읽는 것은 기회이자 행운이다. 독서는 취미활동이 아니라 치열하게 해야 한다. 많이 읽는 것도 중요하지만 좋은 책을 여러 번 읽는 것이 더 중요하다. 좋은 책을 고르는 눈을 기르려면 많은 책을 봐야 한다.

독서와 여행

세상은 한 권의 책이다.
여행하지 않는 사람은 그 책의 단 한 페이지만을 읽을 뿐이다.

-아우구스티누스, 고대 로마 신학자

◐

집에서 조용히 독서를 하는 것도 좋고,
배낭을 메고 여행을 하는 것도 좋지만
가장 좋은 것은 여행을 하면서 책을 읽는 게 아닐까 생각한다.
여행 가방에 책이 없으면 아무리 짐이 많아도
너무 가볍게 느껴진다.
지혜로운 사람은 책을 통해서 더욱 지혜로워지고,
무지한 사람은 책과 담을 쌓아 자신의 한계에 갇힌다.
무지보다 더 무서운 것은 자신이 무지한 줄도 모르는 것이다.

독서와 여행은 유사하면서도 다른 점이 많다.
여행이 서서 하는 독서라면, 독서는 앉아서 하는 여행이다.
여행은 다리 떨릴 때 해서는 안 되고,
독서는 눈이 침침할 때 해서는 안 된다.
둘 다 떠남과 만남의 연속이다.

127 독서와 성찰

배 없이 해전에서 이길 수 없듯이
책 없이 사상에서 이길 수 없다.

-프랭클린 D. 루스벨트

◗

큰 배를 띄우기 위해서 물이 많아야 하고
큰 집을 짓기 위해서 벽돌이 많아야 하듯이
큰 공부를 위해서는 많은 책을 읽어야 한다.
사람과 세상은 아는 만큼 보인다.
세상을 잘 보기 위해서는 독서와 성찰을 병행해야 한다.

독서 없는 성찰은 한계가 있고,
성찰 없는 독서는 깊이가 없다.
독서가 식사라면 성찰은 먹은 것을 소화시켜
자신의 피와 살로 만드는 것이다.
성찰은 책을 읽을 때뿐만 아니라
책을 다 읽고 난 뒤에 더욱 필요하다.

학교에서 가르치지 않는 것

128

지혜는 학교에서 배우는 것이 아니라
평생 노력해 얻는 것이다.

-아인슈타인

현대인들이 겪는 마음의 병은 근본적으로 '삶에 대한 무지'가
원인이다. 지식은 학교에서 가르칠 수 있지만 삶에 대한 것은
학교에서 가르치지 않는다.

지혜는 스스로 배울 수는 있지만 가르쳐줄 수는 없다.

지식은 절대적이지만 지혜는 상대적이다.

지혜는 삶의 기술이다.

나이가 들수록 필요한 것은 지식이 아니라 지혜이다.

지식이 늘고 학벌이 좋아질수록

무지의 심연은 더욱 깊어진다.

지혜는 스스로 공부하는 방법 밖에 없다.

지혜는 자기 안에 도(道)를 갖추는 것이다.

공부하는데 책보다 더 좋은 것은 없다.

129 공부를 위한 독서법

독서는 정신적으로 충실한 사람을 만든다.
사색은 사려 깊은 사람을 만든다.
그리고 논술은 확실한 사람을 만든다.

— 벤자민 프랭클린, 미국 건국의 아버지

내면의 힘을 키우기 위해서는 취미로 읽는 독서가 아니라
학습으로서의 독서가 되어야 한다.
검도수련의 3단계에 '수파리'라는 것이 있다.
이 말은 불교의 가르침에서 시작된 검도의 금언이다.
이것이 독서에도 적용이 된다.

수(守)는 가르침을 받는 것이다.
스승에게 배운 기본을 철저하게 연마하는 단계를 말한다.
책을 읽으면서 유익한 정보를 모아라. 그리고 그것을 자신의
것으로 만들어라. 책을 내 것으로 만드는 비결은 읽으면서 저자
처럼 생각하고 읽은 후 저자처럼 말하고 행동하는 것이다.

파(破)는 가르침을 깨는 단계이다.
스승에게 배운 것을 수련하다 보면 자신에게 맞지 않는 것, 이

론은 맞지만 현실에 적용하기는 어려운 것, 좀 더 개선해보고 싶은 것이 보인다. 그것들을 자신에게 맞게 응용하는 것을 말한다.

책에 있다고 다 맞는 말은 아니다. 내 기준으로 나에게 맞게 다시 만들어야 한다.

마지막으로, 리(離)의 단계는 스승에게서 배운 것에 얽매이지 않고 하산하여 자신만의 새롭고 독창적인 것으로 발전시켜 자신의 세계를 만드는 것을 말한다.

이 단계에 들어가면 자신이 아는 데에 그치지 않고 다른 사람에게 전하고 싶은 욕망이 생긴다.

비로소 지식의 전달자가 된다.

지식 전달자가 되기 위해서는
자신의 언어로 말하고 써야 한다.
자기 것이 아니면 오래 가지 못한다.
물을 건넜으면 뗏목을 버려야 하듯이
지식을 자기 것으로 만들었으면 남의 언어는 버려도 된다.

130 독서는 문제해결능력을 키워준다

오늘날 나를 존재하게 한 것은 우리 동네 작은 도서관이었다.
내게는 하버드 졸업장보다 독서하는 습관이 더 중요하다.
컴퓨터가 완전히 책을 대체한다는 것은 불가능하다.

-빌게이츠

초등학교 6학년 때 전교어린이회장이 되었다. 당시 가장 큰 고민은 회의를 진행하는 것과 리더십을 배우는 것이었다. 선생님도 가르쳐주지 않았고 물어볼 데도 없었다. 매달 하는 전교어린이회의가 다가오면 며칠 전부터 잠이 오지 않았다.

생각 끝에 학교 근처 작은 책방에서 관련된 책을 사기도 하고 그 자리에서 읽으며 필요한 것을 배워나갔다. 필요해서 하는 공부는 정말 효과가 컸다.

높은 곳에 오르면 넓은 것을 볼 수 있듯이 독서는 사고력을 키워 넓은 것을 볼 수 있게 한다. 문제를 해결하는 힘은 이런 능력에서 나오는 것이다. 책 속에는 인간이 겪을 수 있는 모든 문제들에 대해 먼저 생각하고 경험한 선인들의 해결책이 들어있다. 우리는 그것을 내 것으로 만들면 되는 것이다.

결국 책을 읽는 것은 세상을 읽는 것이다. 삶에서 남이 정해준 길을 가지 않고 자신의 길을 찾아가는 지혜를 얻는 것이다.

131 머리에서 가슴까지

군자의 배움은 귀로 들어와 마음에 붙어서
온몸으로 퍼져 행동으로 나타난다.
소인의 배움은 귀로 들어와 입으로 나온다.

-순자

세상에서 가장 먼 거리는
사람의 머리와 가슴까지의 30센티밖에 안 되는 거리이다.
이동하기까지 평생이 걸릴 수도 있다.
많이 배웠지만 실천하지 않는 사람은
많은 꽃을 피웠지만 결실이 적은 나무와 같다.

모든 배움의 목표는 삶이 더 아름답게 바뀌는 것이다.
알고도 행하지 않는 것은 진정으로 안다고 할 수 없다.
아는 것이 머릿속에서만 있는 것은 진정한 배움이 아니다.
공부를 하는 사람은 많은데 삶이 바뀌지 않는 것은
배운 것이 가슴까지 내려오지 않기 때문이다.

132 말이 삶이 된다

꿈을 오랫동안 그리는 사람은
마침내 그 꿈을 닮아간다.

-앙드레 말로, 프랑스 작가

◐

그 사람의 언어는 그 사람의 생각이다.
그가 자주 사용하는 말은 그의 상징과도 같다.
자신이 하는 말과 닮아간다.
이순신 장군이 자주 쓰던 말은 "죽기를 각오하면 살 것이고,
살고자 한다면 죽을 것이다(必死則生 必生則死)."라는 말이다.
장군은 자신의 말처럼 살다 갔다.
전쟁이 사실상 끝난 것이나 마찬가지였던 노량해전에서
죽음으로써 역사에 영원히 사는 길을 택했다.

안중근 의사가 자주 쓰던 글은 "하루라도 책을 읽지 않으면 입
에 가시가 생긴다(一日不讀書 口中生荊棘)."이다.
사형되기 직전에도 간수에게 5분만 시간을 달라고 하여 그 시
간에 책을 읽었다.

133 사고의 폭과 사유의 깊이

진정한 여행이란 새로운 풍경을 바라보는 것이 아니라
새로운 눈을 가지는 데 있다.

-마르셀 프루스트, 프랑스 소설가

◑

괴테는 약 2년간 이탈리아를 여행한 후 인생이 바뀌었고
칸트는 평생 고향을 떠나본 적이 없었지만
위대한 철학을 완성했다.
괴테는 보는 대상을, 칸트는 관점을 바꾸어
정신세계를 바꾸었다.

같은 것을 본다고 같은 경험을 하는 것이 아니다.
경험은 사고의 폭과 사유의 깊이에 따라 다르다.
여행이 견문을 넓히는 게 아니다. 넓은 견문을
가진 사람이 더 많은 것을 얻기 위해 가는 것이다.
멀리 떠나야만 새로운 것을 찾을 수 있는 것이 아니다.
새로운 눈으로 보면 익숙한 것도 다르게 보인다.
보는 대상을 바꾸는 것도 필요하지만
관점을 바꾸는 것도 필요하다.

먹은 음식이 소화되어 에너지를 만들어야만
인간이 살 수 있듯이 독서를 통해 내용을 기억해야만
정신적으로 살아갈 수 있다.

- 쇼펜하우어

경구(警句)는 진리나 삶에 대한 느낌이나 사상을
간결하고 날카롭게 표현한 말이다.
긴 말은 외우기도 어렵지만 꺼내어 써먹기도 어렵다.
경구는 짧을수록 좋다.
내가 좋아하는 경구를 옮긴다.

카르페 디엠 (Carpe diem) : 현재를 잡아라

시간은 현재 뿐이며, 삶은 현재의 연속이다.
현재를 놓치는 것은 인생을 놓치는 것이다.

아모르 파티 (Amor fati) : 너의 운명을 사랑하라

운명을 사랑한다는 것은 주어진 삶에 순응하는 것이 아니다.
한 번뿐인 유한한 삶을 살면서 주어진 생을 원망하지 않고
최대한 아름답게 살려는 삶의 긍정적인 자세이다.

자신에게 주어진 카드를 바꿀 수 없다.

그것으로 어떻게 풀어갈지는 자신이 선택할 수 있다.

메멘토 모리 (Memento mori) : 죽음을 기억하라

죽음을 기억하며 산다는 것은

끊임없이 죽음을 생각한다는 뜻이 아니다.

유한한 삶을 살면서 즐겁고 행복하게 살라는 뜻이다.

죽음은 피할 수 없지만 나름대로 받아들이는 법을

배울 수는 있다.

죽음은 삶의 일부분이며, 삶에서 죽음을 의식하는 것은

오히려 삶을 삶답게 살기 위한 자세이다.

호크 퀘케 트란시비트 (Hoc quoque transibit)

: 이 또한 지나가리라

시간은 끊임없이 흐른다. 때가 되면 상황은 바뀐다.

좋은 것이든, 힘든 것이든 반드시 지나간다.

당신의 삶을 깊게 해줄 경구를 찾아보라.

경구는 삶의 등불이며, 밧줄이다.

135 나는 나를 얼마나 알고 있는가

교육은 우리 자신의 무지를
점차 발견해가는 과정이다.

-윌 듀란트, 미국 철학자

◐

가장 큰 무지는 나를 모르는 것이고,
가장 큰 불안은 나를 믿지 못하는 것이고,
가장 큰 불행은 나 자신으로 살지 못하는 것이다.
내가 나를 모르는데 어찌 남이 나를 알아주며,
내가 나를 믿지 못하는데 어찌 남이 나를 믿어주겠는가.
자신의 무지와 부족함을 아는 것이 가장 큰 지혜다.

모든 배움은 여기에서 시작된다.
스스로 다 알고 있다고 생각하지 말고
늘 새로운 마음으로 배워라.

136 검색에서 통섭으로

문제를 해결하는 힘은 새로운 정보를 얻는 데서
오는 것이 아니라, 이미 오래 전부터 알고 있던 것을
체계적으로 정리하는 데서 온다.

-비트겐슈타인

과거에는 새로운 정보와 아이템만 있으면 제품을 만들 수 있었고, 비즈니스를 할 수도 있었다. 지금은 그런 시대가 아니다. 검색 만능시대에 살고 있다. 모든 것이 검색이 가능하지만 그것을 분석하고 가공하여 자신에게 필요한 것으로 재구성하지 않으면 효용성이 떨어진다. 기본적으로 내가 갖고 있는 지식과 정보 그리고 그것을 판단할 수 있는 종합적인 체계를 갖추고 있지 않으면 검색자료는 자투리 지식에 불과한 것이다.

창조는 무에서 유를 만들어내는 것이 아니다. 꾀꼬리 같은 반짝 아이디어로 무엇을 할 수 있는 시대는 지났다. 요즘은 에디슨이 살아온다고 해도 혼자 발명할 수 있는 것이 거의 없다.

137 노인의 꿈

절망은 죽음에 이르는 병이다.
쉽게 절망하여 포기하면 마음까지 해친다.

-키에르케고르

◑

헤밍웨이의 소설 《노인과 바다》에서 노인 산티아고는 혼자 84
일 동안 고기 한 마리 잡지 못한다. 85일째가 되던 날 더 깊은
바다로 들어가 마침내 큰 청새치를 낚는다. 워낙 거대하여 사
흘 밤낮을 사투를 벌여 배에 묶었다. 돌아오는 길에 피 냄새를
맡은 상어 떼의 습격을 받아 혼신의 힘으로 싸웠지만 앙상한
뼈만 가지고 돌아온다. 집에 도착하여 노인은 피곤에 지쳐 깊
은 잠을 자면서 사자의 꿈을 꾼다.

보통 어부는 석 달 가까이 고기 한 마리 잡지 못했다면 포기하
고 말았을 것이다. 그러나 노인은 결코 포기하지 않고 더욱 깊
은 바다로 갔다. 큰 고기를 잡으려다가 앙상한 뼈만 가지고 왔
다면 다시는 고기를 잡으려는 의욕을 가지지 못했을 것이다.
그러나 노인은 사자 꿈을 꾸었다.
꿈속의 사자는 젊었을 적 아프리카 해변에서 보던 사자다.

사자가 상징하는 것은 의지와 용기이다.
노인에게는 아직 젊은 시절의 열정이 식지 않았다.
나이가 많아도 열정이 있으면 노인이 아니다.
노인은 상어와 사투를 벌이면서 말했다.
"인간은 파멸당할 수 있을지는 몰라도 패배할 수는 없어."

파멸(destroy)과 패배(defeat)는 비슷하면서도 다르다.
차이는 정신적으로 굴복했느냐의 여부다.
파멸은 육체적, 물질적인 가치를 의미하고,
패배는 정신적인 가치를 의미한다.
상어의 거친 공격에도 굴하지 않고 싸워
뼈만 가지고 돌아온 노인은
파멸당한 것이지 패배한 것은 아니다.

언젠가는 필연적으로 오는 죽음이 육체의 파멸이라면
자살은 정신의 패배다.
살면서 절망은 어쩔 수 없이 올 수 있지만
절망에서 벗어나지 못하는 것은 패배다.
삶은 누구나 고달프다.
힘든 상황에서도 포기하거나 절망하지 않는다면
멋진 내일이 올 것이다. 나도 그런 믿음으로 버틴다.

나이 일흔은 무엇을 해도 거리낌이 없어야

나이 일흔이 되어서는 무엇이든 하고 싶은 대로 하여도
법도에 어긋나지 않았다(七十而從心所欲 不踰矩).

- 공자, 《논어》

공자는 자신의 일생을 돌아보고 배움의 단계를 시기별로 15세를 지학(志學), 20세를 약관(弱冠), 30세에 이립(而立), 40세에 불혹(不惑), 50세에 지천명(知天命), 60세에 이순(耳順)이라 하였으며, 마지막 70세에 이르러 마음이 내키는 대로 행동하여도 법도를 넘지 않았다고 하였으니 종심(從心)이야말로 자기관리의 정점이라 할 수 있다.

술을 전혀 마시지 않는 것보다 마시고도 행동에 흐트러짐이 없다면 적당히 마시는 것이 더 낫고, 원칙이나 사회적 제약에 얽매여 행동에 제한을 두는 것보다 스스럼없이 행동하여도 어긋나지 않는다면 아이처럼 행동해도 좋다.

니체는 삶을 낙타의 정신, 사자의 정신, 아이의 정신, 3단계로 구분하였는데, 왜 아이의 정신을 마지막 단계로 하였을까?

나이가 들수록 무기력해지고 우울해진다. 니체는 이런 것을 니힐리즘이라 하였고, 그것을 극복하는 방법을 아이에게서 찾은 것이다.

아이처럼 삶에 대해 심각하게 생각하지 않고 하루하루 인생을 놀이처럼 즐기며 살 수 있다면 그것이 허무주의를 극복하는 최고의 삶으로 본 것이다. 노인이 아이처럼 사는 것은 정말 아이와는 다르다. 삶의 경험과 지혜가 가득하면서도 순진함을 잃지 않는다면 무엇을 하더라도 법도에 어긋나지 않는 삶을 살수 있을 것이다.

친구 같은 스승, 스승 같은 친구

친구가 될 수 없는 자는 진정한 스승이 될 수 없고,
스승이 될 수 없는 자는 진정한 친구가 될 수 없다.

- 이탁오, 명나라 양명학자, 《분서》

공자는 "세 사람이 길을 가면 그 가운데 반드시 나의 스승이 될
만한 사람이 있다(三人行 必有我師)."라고 했지만 스승이 될 만
한 길동무를 찾는 것은 현실에서 쉬운 일이 아니다. 친구는 나
와 비슷하고 스승은 나의 친구가 아니다.
'관포지교'의 고사성어를 만든 관중과 포숙아는 절친이지만 사
제지간은 아니다.
친구이면서 스승이 될 수 있는 인연을 만날 수 있다면 인생의
축복이 될 수 있다.

내가 구본형을 만난 것은 《월든》을 쓴 소로우가 에머슨을 만난
것과 견줄 수 있다.
소로우가 하버드 재학시절 에머슨이 쓴 《자연론》을 읽고 세상
을 떠나기까지 25년간 사제지간이면서 돈독한 우정을 쌓았다.
나는 구본형의 《익숙한 것과의 결별》에 매료되어 그가 세상을

떠나기 전까지 10여 년간 스승이면서 친구 같은 인연을 보내
면서 내 삶이 바뀌었다.

"영원히 제자로만 머문다면 그것은 선생에 대한 도리가 아니
다."라고 한 니체의 말을 인용하면서 그는 "스승을 능가하지
못하는 제자는 스승을 욕되게 한다."고 했다.

질적으로 능가하지는 못하지만 스승이 생전에 쓴 책과 같은
18권의 책을 내면서 스승을 욕되게 하지는 않은 것 같다.

7장

성찰

140 삶과 죽음을 하나로 볼 수 있다면

나는 나의 힘과 자신감을 늘 외부에서 찾고 있었다.
하지만 그것들은 항상 나의 내면에 있었다.

-안나 프로이트, 정신분석의 창시자인 지그문트 프로이트의 딸

◐

그림자를 밟으려고 하면 할수록 도망가듯이 나 자신을 알려고
하면 할수록 멀어진다. 가만히 서 있으면 내 그림자를 이미 밟
고 있는 나 자신을 발견할 수 있듯이 내 안에 머무는 시간이 길
어질수록 이미 나를 알고 있다는 것을 알게 된다.

내면의 소리를 듣는 사람은 외롭지 않다. 오히려 외로운 시간
을 통해 자신을 돌아본다. 내면의 소리에 귀 기울여 세상을 깊
고 넓게 볼 수 있는 사람은 죽음에 대해서도 막연하게 두려워
하거나 회피하지 않는다. 삶과 죽음을 하나로 볼 수 있기 때문
이다.
내면의 소리에 귀를 기울여라. 범인(凡人)은 이 소리를 들으려
하지 않는다. 설령 듣는다 할지라도 무시한다. 자기 안에 오래
머물러라.

141 그릇의 물도 차야 넘친다

"도마 위에 오른 물고기가 칼날을 피할 수 있을까요?"
"솥에서 끓고 있는 멸치에게 물어보게나."

- 이향봉 스님, 《선문답》

깨달음에는 때가 있는 법이다.
그릇의 물도 차야 넘치듯이
공부가 무르익은 후에야 깨달음이 다가온다.
위대한 스승들은 처음부터 다 알려주지 않는다.
제자가 무르익을 때를 기다렸다가 가르침을 전해준다.
과일이 때가 되어 무르익듯이 모두에게도 때가 있다.
때가 된 제자의 '도가 무엇입니까?'라는 물음에
'똥막대기'라고 대답해도 깨달을 수 있다.

꽃이 저절로 피는 것이 아니다.
안으로 무르익어야 핀다.
깨달음이 그냥 오는 것이 아니다.
내 안에서 무르익어야 터진다.

142 내 모습은 나의 뜻이다

우연이란 존재하지 않는다. 무언가를 절실하게 필요로 하는 사람이
자신에게 정말로 필요한 것을 찾아내면, 그것은 그에게 주어진 우연이
아니라 그 자신이, 그 자신의 욕구와 필요가
그를 그것으로 인도한 것이다.

- 헤르만 헤세, 《데미안》

젊었을 때 누구보다 나의 일을 더 잘하고 싶었다.
미인은 아니더라도 나와 성격이 잘 맞는 아내와 살고 싶었다.
직장 생활을 잘한 뒤에 그 분야의 사업을 하고 싶었다.
아이들도 말 잘 듣고 공부 잘하기를 바랐다.
삶은 뜻대로 되지 않는 일이 더 많았다.
인생의 늦은 오후 삶을 돌아보니 괜찮은 것도 있었다.
아내와 성격을 맞추며 살다 보니 그릇이 좀 커졌다.
좋은 직장에서 노력한 만큼의 능력을 발휘할 수 있었고
작은 사업도 해보았다.
아이들도 자신의 길을 찾아 글로벌하게 살고 있다.
삶이 뜻대로는 되지 않은 것도 있었지만 뜻하지 않게 잘 된 것
도 있었다. 나의 그릇 크기만큼 담았고 내 생각 크기만큼 살았
다. 지금 사는 것이 우연히 그렇게 된 것이 아니라 내 생각이
삶 속에 스며들어 생각한 대로의 삶을 살아가고 있다.

143 어디로 가는지도 모르면서 빠르게 가는 것은 위험하다

군자는 사물을 부리지만
소인은 사물에 부림을 당한다.

-순자

디지털중독이 심각한 상황이다. 잠시라도 손에 폰이 없으면 불안하다. 스마트폰은 손바닥 위에서 마법을 부리는 도구이지만 적절하게 사용하지 않으면 괴물이 된다.

처음에는 사람이 술을 마시지만 나중에는 술이 사람을 마시듯이 사람이 스마트폰을 통제하지만 나중에는 폰이 사람을 통제한다. 삶의 속도는 있으나 깊이가 없고 언제나 분주하다. 폰으로 절약한 시간을 폰에다 다 쓰는 모순이 매일 반복되고 있다.

세상이 변하는 것을 막을 수는 없다. 일상에서 잠시라도 자신을 돌아볼 필요가 있다. 속도보다 더 중요한 것은 깊이다. 자신이 누구인지, 어디로 가는지도 모르면서 빠르게 가는 것은 위험하다. 답안지에 이름을 쓰지 않고 시험문제를 열심히 푸는 것이 무슨 소용이 있겠는가.

144 왜 살아야 하는가

우리는 삶의 의미에 대해 묻는 것이 아니라
거기에 대답해야 한다.

- 빅터 프랭클, 오스트리아 정신과 의사

◗

대나무를 지탱하는 힘은 마디에서 나온다. 땅과 가까울수록
마디가 촘촘하다. 더 많은 무게를 지탱해야 하기 때문이다. 삶
의 무게를 지탱하는 힘은 삶의 의미에 있다.

의미가 없어도 살 수는 있지만 삶의 고비마다 흔들리기 쉽다.
의미가 있는 사람은 아무리 힘들어도 살아갈 수 있는 의지를
잃지 않는다.

의미를 당장 찾을 수 없다고 하더라도 끊임없이 찾으려고 노력
해야 한다. 삶의 의미를 느끼지 못한다면 하루하루 정신없이
치열하게 살다가도 어느 순간 깊은 상실감과 좌절을 느낄 수밖
에 없다. 삶이란 결국 삶에 대한 태도에 의해 결정된다. 삶의
태도를 결정하는 것이 삶의 의미다.

'어떻게 살아야 하는가'보다 더 중요한 것은 '왜 살아야 하는가'
이다. 왜 살아야 하는지를 알면 어떻게 살아야 할 것인지 알 수
있다.

145 죽음은 아무것도 아니다

가장 두려운 악인 죽음은 우리에게 아무것도 아니다.
왜냐하면 우리가 존재하는 한 죽음은 우리와 함께 있지 않으며,
죽음이 오면 이미 우리는 존재하지 않기 때문이다.

-에피쿠로스, 고대 그리스 철학자

자로가 죽음에 대해 묻자 공자가 말했다.
"아직 삶도 모르는데 어찌 죽음을 알겠는가?"
삶을 알면 죽음을 알고 죽음을 알면 삶도 안다.
죽음을 알 수 있는 사람은 아무도 없다.
경험한 사람은 이 세상에 없고,
살아있는 사람은 죽음을 경험하지 않았기 때문이다.
삶이 아름다우면 죽음 또한 아름답다.
죽음은 삶의 마무리이기 때문이다.
삶을 이해한 사람은 죽음도 이해할 수 있다.
씨를 뿌린 사람이 거두어가는 것이 자연의 법칙이란 것을.

146 강물을 거슬러 오르는 연어들처럼

> 사람의 의식이 현실을 창조할 뿐
> 객관적인 사실 같은 건 존재하지 않는다.

-닐스 보어, 덴마크 물리학자

◑

우주선이 대기권을 벗어나려면 엄청난 추진력이 있어야 하고, 연어가 폭포를 거슬러 올라가려면 엄청난 힘이 있어야 하듯이 고정된 생각을 바꾸려면 용기와 인내가 필요하다.

사람은 스스로 하나의 상(想)을 만들어 놓고 그 속에 갇혀 살고 있다. 자신의 생각이 굳어지면 신념이 되고 신념이 굳어지면 운명이 된다. 결국 자신의 생각이 운명이 되는 것을 정해진 것이라 생각하며 살아간다.

삶은 선택의 연속이다. 선택을 할 때 어제와 다른 생각으로 새로운 선택을 해보자. 생각이 바뀌면 삶이 바뀐다는 확신과 생각을 바꾸어도 죽지 않는다는 용기가 필요하다.

147 생각을 허락하라

생각이란 그 근원이 어디인지 알 수 없는 곳에서
갑자기 떠오르는 것이다.
우리는 그 생각의 뒤를 추적해 갈 수도 없다.

-지그문트 프로이트

성경에서 이해가 되지 않는 구절이 있다.

"음욕을 품고 여자를 바라보는 자는 누구나 이미 마음으로 그 여자를 간음한 것이다."

이 말대로라면 천국에 갈 수 있는 남자는 아무도 없을 것이다. 생각은 아무런 문제가 아니다. 생각은 바다에서 파도가 치는 것처럼 끊임없이 올라온다. 그것은 자연스런 현상이다. 문제는 그 생각에 끌려 집착하는 것이다. 생각에 끌려가면 그것이 진짜처럼 느껴진다.

입안의 침이 고이는 것은 아무 문제가 아니다. 문제는 침을 상대에게 뱉을 때다. 생각도 이와 같다. 생각은 나에게서 나온 것이지만 나의 것이 아니다. 생각은 그저 생각일 뿐이다. 문제는 행동으로 했을 때이다.

행동에는 책임을 져야 하지만 생각에는 책임이 없다.

마음속의 생각을 허락하라.

148 기도

주님!
바꿀 수 없는 것은 받아들이는 평온을,
바꿀 수 있는 것은 변화시킬 수 있는 용기를,
또한 그 차이를 구별할 수 있는 지혜를 주옵소서.

- 라인홀드 니부어, 미국 신학자

◑

과거를 바꿀 수는 없지만 오늘을 바꿀 수는 있다.
날씨를 바꿀 수는 없지만 비오는 날 우산을 챙길 수는 있다.
상대를 바꿀 수는 없지만 피하거나 거리를 둘 수는 있다.
바꿀 수 없는 것을 바꾸려고 하는 건 오만이고 만용이다.
바꿀 수 있는데 바꾸지 않는 것은 비겁함이며 게으름이다.
행복은 바꿀 수 있는 것과 바꿀 수 없는 것을 아는 것이다.

할 수 있는 것과 없는 것을 구별하고,
가질 수 있는 것과 없는 것을 구분하고,
그냥 스쳐야 할 사람과 붙잡아야 할 인연을
구분할 수 있는 지혜를 가지는 것이 진정한 기도다.
기도로 낙타를 말(馬)로 바꿀 수는 없지만
말 대신 낙타를 타고 갈 수는 있다.
기도한다고 어려운 일이 쉬워지는 것은 아니지만

다른 방법을 생각해낼 수 있는 지혜를 얻을 수 있다.
기도로 상황이 바뀌는 것이 아니라
상황을 인식하는 눈이 바뀐다.
기도는 내가 원하는 것을 하나님께 요구하는 것이 아니다.
오히려 하나님이 인간에게 원하는 것이 무엇인지
물어야 하는 것이다.

내가 선택하는 고독

외로움은 홀로 있는 괴로움이며,
고독은 홀로 있는 영광이다.

-폴 틸리히, 독일의 신학자

◐

현대인들은 혼자 있을 수 있는 시간이 부족하다.
스마트폰을 가지고 있다면 혼자 있는 것이 아니다.
혼자 있을 때 정신적으로 성숙해진다.
고독을 느낄 때 자신을 돌아보게 되며,
자신이 어디에 있는지, 어디로 가는지 생각해볼 수 있다.

자신과 대화하는 사람은 고독하지 않다.
책을 읽는 것은 작가와의 대화이고,
글을 쓰는 것은 자신과의 대화이다.
음악을 듣는 것은 작곡가와 연주자와의 대화이고,
자연의 소리를 듣는 것은 신과의 대화이다.
고독과 고통의 시간을 피하지 말라.
우리는 그것을 통해 더욱 단단하고 깊어진다.
고독은 혼자 있는 즐거움이다.

150 고통을 바라보는 관점

우리는 문제가 생기고 나서야, 고통을 겪고 나서야,
무엇이 자신이 바라는 대로 되지 않고 나서야,
비로소 어떤 것을 진정으로 배우게 된다.

-알랭 드 보통

집에서 콩나물을 기른 적이 있다.
콩나물은 물을 너무 적게 주면 잔뿌리가 많이 생기고,
너무 많이 주면 썩는다.
잔뿌리가 생기는 이유는 더 많은 물을 흡수하여
위험한 상황을 돌파하기 위한 것이고,
썩는 것은 위험하지 않기 때문이다.
생명체가 자라는 데에는 적당한 고통과 위험이 필요하다.
육체의 고통이 없으면 병으로 죽을 수도 있고
정신의 고통이 없으면 마음이 병들지도 모른다.

고통은 삶의 본질이다.
몸을 가지고 있기 때문에 고통이 있을 수밖에 없다.
고통을 어떤 관점으로 보는가가 중요하다.

151 인생무상은 슬픔이 아니다

부와 아름다움이 가져다주는 명성은 무상하고 덧없다.
정신적인 탁월함이야말로 더할 나위 없이
훌륭한 영속적인 재산이다.

-살루스트, 고대 로마 역사가

벚꽃이, 봄날이 아름다운 것은 빨리 가기 때문이다.
올봄에 피는 꽃이 작년에 핀 꽃은 아니지만
작년에 떨어진 꽃이 없었다면 올해 피는 꽃도 없다.
고정된 것은 아름답지 않다.
아무리 아름다운 것도 오래 보면 식상해진다.
아름답다고 느끼는 것은 그것이 무상(無常)하기 때문이다.
무상은 슬픔이 아니다.
꽃이 아름다운 것은 시들기 때문이다.
늙음이 있기 때문에 젊음이 아름답고,
죽음이 있기 때문에 삶이 아름답다.
아름다운 것은 이 순간밖에 없다.

152 작은 것이 모여 위대한 것이 된다

위대한 일이란 그저 충동적으로 이루어지는 것이 아니라
연속되는 작은 일들이 하나로 연결되어서 이루어진다.

-고흐

항상 큰 것을 먼저 챙기느라 작은 것에 소홀했다.
지나고 보니 작은 것이 더 소중했다.
문제는 작은 것에서 생기고 있었다.
'기적은 물 위를 걷는 것이 아니라
땅 위를 걷는 것'이라는
말이 예사로 들리지 않았다.
슈퍼맨처럼 날아다니지 못해 불행한 사람은 없지만
걸을 수가 없어 불행한 사람은 많다.

큰 것을 가지지 못하고,
큰 영광을 가지지 못해 불행한 것이 아니라
사소한 것을 가질 수 없고,
사소한 것을 할 수 없을 때가 불행하다.

153 새와 나

나는 언제나 궁금했다.
세상 어느 곳으로도 날아갈 수 있으면서
새는 왜 항상 한곳에 머물러 있는 것일까.
그러다가 문득 나 자신에게도 같은 질문을 던진다.

-하룬 야히아, 터키 종교지도자, 〈새와 나〉

마지막 질문을 나에게도 던진다.
얼굴이 확 달아오르는 것 같다.
머무른다는 것은 새에게는 공간의 문제이겠지만
사람에게는 생각의 문제다.
세상은 빠르게 변하는데 아직 옛날 생각을 그대로
가지고 사는 것은 아닐까 생각해보았다.
다르게 생각할 수도 있는데 왜 생각을 바꿀 수 없을까.
더 나은 모습으로 살 수 있는데
왜 어제 같은 모습으로 살아갈까.
사람을 깊게 만드는 것은 그가 찾은 답이 아니라
그가 가슴에 묻고 사는 질문이다.

154 해답을 찾아내는 삶

답을 찾지 마라. 인생에 정답은 없다.
모든 선택에는 정답과 오답이 공존한다.
지혜로운 사람들은 선택한 다음에 그걸 정답으로 만들어내고,
어리석은 사람들은 그걸 선택하고 후회하면서 오답을 만든다.

-박웅현, 《여덟 단어》

많은 사람들이 삶의 정답을 찾고 있다.
시험에는 정답이 있지만 인생에는 정답이 없다.
사람마다 다르고 때와 장소에 따라 다르다.
나에게 맞는 것이 다른 사람에게 안 맞을 수도 있고,
다른 사람에게 맞는 것이 나에게 맞지 않을 수도 있다.
지금, 여기서 맞는 것이라도
언젠가, 다른 곳에서는 맞지 않을 수 있다.
세상에 정답은 없다.
많은 해답이 있을 뿐이다.
정답은 하나 뿐인 옳은 답이지만
해답은 여러 개가 될 수도 있다.
나의 생각이 해답이 될 수 있지만
상대에게 정답이라고 강요해서는 안 된다.

155 혼자의 시간을 즐겨라

고독한 외로움은
인간의 마음을 눈뜨게 해준다.

- 마에다 유구레, 일본 단가 시인

●

나이가 들수록 혼자 있는 시간이 점점 많아진다.
혼자 있는 시간을 외로움이 아니라
고독이라는 즐겁고 창조적인 시간으로
만들 줄 아는 능력이 중요하다.
하나 가질 때보다 둘을 가질 때
더 부족함을 느낄 때가 있다.
필요한 물건을 살 때보다
불필요한 물건을 버릴 때 더 행복할 때가 있다.
잠시 즐거우려면 친구를 만나고
오래 행복하려면 혼자가 돼라.
혼자 있는 시간이 두렵지 않으려면
혼자 빠져들 수 있는 것이 있어야 한다.
독서, 사색, 서예, 그림, 영화감상, 산책, 운동, 여행 등
몸과 마음을 적극적으로 움직이는 것이 좋다.

156 중간이 어때서

마음에 있어서 가장 어려운 일, 거의 불가능한 일은 중간에
머무는 일이다. 균형을 이루는 일이다.
이쪽 끝에서 저쪽 끝으로 움직여가기는 쉽다.
언제나 하나의 극단에서 반대편 극단으로 이동해 가는 것이
마음의 본성이다.

-오쇼 라즈니쉬

삶을 이분법적으로 보는 경향이 강하다.

행복하지 않으면 불행

재미없으면 지루함

희망이 없으면 절망

낙관 아니면 비관

성공 아니면 실패

세상을 흑과 백으로 나누고 회색은 잘 보지 않으려 한다.

사람도 좋은 사람이 아니면 나쁜 사람이 되고,

친구가 되지 않으면 타인이 된다.

양극단 사이에서 눈에는 잘 띄지 않지만

세상에서 가장 많이 존재하는 것은 중간이다.

회색은 하나의 색이 아니라 수많은 색으로 이루어져 있다.

세상에 없는 것 5가지

우리가 원하는 것을 얻지 못한다면,
그것은 우리가 간절히 원하지 않았거나
대가를 제대로 치르려 하지 않았다는 증거이다.

-리디어드 키플링, 영국 소설가

세상에 없는 것이 5가지 있다.

첫째, 세상에 공짜는 없다. 노력 없이 저절로 되는 것은 없다.

둘째, 비밀은 없다. 꼭 지켜야 할 비밀은 누구에게도 말하지 말라. 비밀을 말하는 순간 더 이상 비밀이 아니다.

셋째, 만약은 없다. 역사에 가정은 없다. 흘러간 물은 다시 돌아오지 않는다.

넷째, 정답은 없다. 삶에는 각자의 방식에 맞는 해답이 있을 뿐이다.

다섯째, 영원한 것과 절대적인 것은 없다. '절대로' '영원히' '꼭' '반드시' 이런 말을 자주 하는 사람을 믿지 말라.

우리가 불행한 것은 삶에서 없는 것을 바라기 때문이다. 이것만 받아들인다면 삶이 행복하다.

158 시간의 신비에 대한 단상

> 만약 아무도 나에게 그것에 대해 묻지 않는다면,
> 나는 그것을 안다.
> 만약 내가 그것에 관해 묻는 누군가에게 설명하고자 한다면,
> 나는 그것을 모른다.
>
> -아우구스티누스, 알제리 신학자

시간은 아이에게는 소망이고, 노인에게는 절망이다.
채권자에게는 소망이지만 채무자에게는 절망이다.
시간 속에서 살아가는 모든 생명체에게 시간은 소망이며,
그 속에서 죽어야 할 운명이기에 시간은 운명이기도 하다.
시간은 현재를 중심으로 과거와 미래로 나뉘지만
모든 시간은 현재뿐, 나머지는 존재하지 않는다.
우리는 현재를 붙잡지 못한다. 인식하는 순간 가버린다.
시간은 모든 것을 삼켜버린다. 아기의 웃음, 청춘의 사랑,
약속, 희망을 삼켜버린다.
시간은 모든 것을 수용한다. 슬픔, 분노, 이별, 실패, 방황 등
모든 아픔을 수용한다.
지금 존재하지만 잡을 수도 없는 것이 시간이다.

159 철학을 하는 이유

죽는 건 아무 것도 아니야. 진정으로 무서운 건 제대로 살지 못한
것이지. 죽는 걸 두려워하는 것보단 제대로 살지 못하고
죽는 것을 두려워해야 해.

- 빅토르 위고, 《레미제라블》

스피노자는 "철학을 한다는 것은 사는 방법을 배우는 것"이라
고 하였고, 몽테뉴는 "철학을 한다는 것은 죽는 방법을 배우는
것"이라고 하였다. 철학을 하면 삶과 죽음은 하나라는 것을 알
게 된다. 잘 살기 위해서는 잘 죽어야 하고, 잘 죽기 위해서는
잘 살아야 한다는 것도 알게 된다.

철학은 삶에 대한 의미를 가지게 한다. 세상을 어떤 눈으로 보
느냐에 따라 각각 다른 세상을 사는 것이다. 자신이 누구인지,
어떤 사람인지 알면 타인의 세계도 보인다. 철학은 세상과 사
람을 어떤 눈으로 보고 살 것인가에 대해 안목을 길러준다.
철학은 삶과 죽음에 대한 자신의 기준을 만들어준다. 죽음은
인간의 인식 밖의 영역이지만 죽음에 대해 인식할수록 삶의 의
미를 알게 된다.

160 현재를 잃게 하는 것

내일 우리에게 무슨 일이 벌어질지 두려워하면
오늘과 현재를 잃게 되고, 그것과 관련한 현실을 잃어버리게 된다.
넉넉한 시간과 관심은 고스란히 오늘에 허락하라.

- 헤르만 헤세, 《삶을 견디는 기쁨》

"불법이 무엇입니까?"라고 묻는 수행자에게 당나라 조주스님
은 "차나 마셔라(喫茶去)."라고 했다. 포항 보경사 주지스님도
차를 마실 때 나의 "좋은 말씀 한 마디 부탁드립니다."는 말에
"차 한 잔 드십시오."라고 했다. 나는 그 말이 무슨 뜻인지 금방
알아차렸다. 스님의 가르침은 '지금, 현재에 집중하는 것이 불
법이요 도'라는 것이다. 사람들은 오늘을 살면서 어제 일을 후
회하고, 내일 일을 미리 걱정한다.

아직 미혼인 아들이 원룸 계약기간이 반년 정도 남은 시점에서
조건이 좋은 시영임대주택으로 옮겼다. 주인과 연락이 되지
않아 전세보증금을 뺄 수 없어 걱정이 많았다. "아직 계약기간
이 많이 남아 있어 무리하게 달라고 할 수 없다. 시간이 해결해
줄 것이다. 너무 걱정하지 말고 지금 하는 일에 충실해라. 오
지 않은 미래를 걱정하는 것은 현재를 잃는 것이다."라고 했지
만 1년 연봉이 묶여 있어 위안이 될지 모르겠다.

161 신과 함께

진정으로 신을 사랑하는 자는 신에게
자신을 사랑해 달라고 하지 않는다.

-스피노자

◑

신은 우리에게 많은 것을 주었다.
다만 씨앗으로 주어 잘 보지 못할 뿐이다.
신은 항상 우리와 함께한다.
위험한 순간에 두려움을 주어 조심하게 했다.
신은 우리에게 많은 가능성을 주었지만
불가능한 것도 주었다.
그때마다 자신을 돌아볼 수 있게 하였다.
신이 항상 도움을 줄 수 없어 고통도 주었다.
그때마다 우리는 신을 찾는다.
신이 모든 사람을 도와줄 수 없어 스스로 돕게 만들었다.
그때마다 우리는 내 안의 신성을 찾는다.
신은 어디에도 있지만 내 안에서 가장 오래 있다.

162 내 운명은 내가 선택한다

모든 순간마다 당신은
당신의 운명을 선택한 것이지요.

- 프리츠 오르트만, 독일 작가, 《곰스크로 가는 기차》

◐

누구나 마음속에는 언젠가, 반드시 가고 싶은 곰스크가 있다.
곰스크는 지도상에 있는 장소가 아니다. 꿈, 이상, 유토피아
다. 가수가 되고 싶었던 의사, 작가가 되고 싶었던 변호사로
살면서 꿈을 버리지 못하고 살아가고 있을 뿐이다.
어떤 길을 선택했다 하더라도 곰스크에 대한 미련은 있게 마련
이다. 곰스크로 가는 대신 다른 길을 걷는 것은 인생의 실패가
아니라 자신이 원했던 길이었는지 모른다. 마음이 그쪽으로
기운다는 것은 그것이 자신의 길이라는 것이다.

배우자를 만난 것이 피할 수 없는 운명인가, 가벼운 장난 같은
우연을 무겁게 받아들인 것인가? 좋든 싫든 만난 것도 운명이
고, 헤어진 것도 운명이다. 선택을 사랑하든, 꿈을 사랑하든
그 어떤 것도 선택하면 내 운명이 된다.

8장

감정

163 짜장면을 시키면 짬뽕이 먹고 싶고

아쉽지 않고 아프지 않은 인생이 어디 있어.
내 인생만 아쉬운 것 같고 내 인생만 아픈 것 같고 그런데,
다 아프고 다 아쉬워. 나이가 들면서 배운 건,
하나씩 내려놓고 포기할 줄 알게 되는 것 같아.

- 윤여정, 배우

◐

짜장면을 시키면 짬뽕이 먹고 싶고,
짬뽕을 시키면 볶음밥이 아쉽다.
인생은 선택의 연속이고, 선택의 뒤에는 아쉬움이 남는다.
프로스트의 수많은 시 중에서 유독
〈가지 않은 길〉이 애송되는 것은
가지 않은 길에 대한 아쉬움 때문이다.
후회는 과거에 머물지만 아쉬움은 미래를 향한다.
나는 직장생활의 반환점을 채 돌기도 전에
스스로 그만두고 사람이 적게 다니는 길을 선택했다.
삶이 힘들 때마다 후회 아닌 아쉬움이 떠올랐다.
돌아갈 수 없는 길에 대한 아쉬움은
나를 더 단단하고 깊은 사람으로 만들었다.
내가 하는 인생 이야기의 대부분은
좁은 길에서 겪었던 것들이다.

164 꿈은 이루어진다

이루어질 꿈도 이루어지지 않을 꿈만큼
불확실할 수 있다.

- 브렛 버틀러, 미국 야구선수

호손의 《큰 바위 얼굴》을 읽고 나도 그렇게 되고 싶었다.
얼굴이 큰 나를 가끔 사람들이 그렇게 부르곤 했다.
큰 부자는 못 되더라도 알부자 소리는 듣고 싶었다.
다른 건 몰라도 냉장고에 계란은 쌓아두고 산다.
이슬만 먹고 살 수 없을까 생각했다.
삼겹살을 먹을 때 참이슬(眞露)을 찾게 되었다.
사랑은 못해도 정 하나로 살고 싶었다.
가끔 정이 그리울 때 情초코파이를 먹었다.

꿈은 처음에는 모두 막연하고 불안하다.
작은 꿈이라고 이루어지고
큰 꿈이라고 이루어지지 않는 것이 아니다.
가슴에 품고 살다 되돌아보면
꿈을 닮아가는 나를 발견한다.

옛날과 달라진 것

당신의 마음이 바뀔 때마다
당신의 세상도 바뀌게 될 것이다.

-바이런케이티, 미국작가

옛날엔
가진 것이 많은 사람이 되길 원했다.
좋아하는 일을 하면서 사는 사람이 되고,
많은 곳을 여행하고 싶었다.
나에게 고통이 없길 바랐다.

지금은
많이 가질 필요가 없는 사람이 되고 싶다.
하고 있는 일을 좋아하는 사람이 되고,
여기에서 많은 것을 보고 싶고,
고통을 이길 수 있는 힘을 가진 사람이 되고 싶다.

세상은 그대로이고 달라진 것은 마음뿐인데
세상이 달라졌다.

감사는 빛을 보는 자의 것

슬픔은 당신으로부터 사라진 것만을 보는 것이다.
반면에 삶의 축제는 우리가 가진 모든 것을 인식하고
그것에 대해 깊은 감사를 느끼는 것이다.

- 아잔 브람, 영국 수행승, 《술 취한 코끼리 길들이기》

우울은 안개비처럼 내리고
기쁨은 햇살처럼 쏟아진다.
슬픔은 우박처럼 쏟아지고
행복은 아지랑이처럼 피어오른다.
알 수 없는 슬픔은 있어도 알 수 없는 기쁨은 없다.

감사는 빛을 보는 자의 것,
슬픔은 어둠을 보는 자의 것이다.
삶에는 빛과 어둠이 함께 있지만
어둠만 보는 자는 신도 어찌할 수 없을 것이다.
화를 내야 하는 이유는 한 가지인데
감사해야 하는 이유는 수없이 많다.
수많은 이유가 한 가지 이유에 묻혀버리지만 않는다면
삶의 햇살은 언제나 빛난다.

167 흙탕물을 그대로 두면 가라앉듯이

마음속에 분노가 솟구치면, 그 순간 어떤 행동을 해서도,
어떤 말을 해서도 안 된다. 분노의 에너지는 상황을 더 나쁘게 하는
위험한 영향력을 가지고 있다.
이때 우리가 할 수 있는 최선의 것은 호흡명상이다.

- 틱낫한, 베트남 승려, 《포옹》

가끔 감정이 폭발할 때가 있다. 그럴 때 할 일은 숨 쉬는 것밖에 없다. 세상이 나의 뜻대로 되지 않아도 숨을 쉬어야 살 수 있다. 그 순간에는 어떤 것도 내 안으로 들어올 수 없고 어떤 것도 밖으로 나갈 수 없다.

모닥불은 가만히 두면 꺼지지만 가슴의 불은 건드리면 더 거세진다. 그때까지 숨을 깊게 쉬면서 기다려라. 시간이 지나면 감정은 변하고 불은 꺼지기 마련이다.
사람의 깊이는 감정을 다루는 능력에 있다. 생각은 동시에 두 가지 일을 하지 못한다. 호흡에 집중하는 순간 다른 생각이 들어올 틈이 없다. 흙탕물을 그대로 두면 가라앉듯이 화도 건드리지 않으면 가라앉는다.

> 불륜이 일어나서 가정이 깨지는 것이 아니라
> 이미 가정이 깨졌기 때문에 불륜이 일어난다.
>
> -리처드 테일러, 미국 철학자

모든 불륜은 결말이 나쁘다. 시작도 어렵지만 출구전략을 찾는 것이 더 어렵다. 불륜은 학식과 인격과 사회적 지위와 관련이 없다. 누구에게나 일어날 수 있는 것이다.

흔히 불륜이라고 하면 성적인 유혹으로 생각하기 쉬우나 그것은 일부에 지나지 않고 근본적인 것은 배우자한테서 자신의 욕구를 채울 수 없기 때문이다.

사람들은 자신보다 아름답고 뛰어난 사람과 관계를 맺고 싶어하는 것이 아니다. 그런 사람과 같이 있으면 자신이 작아 보이기 때문이다. 사람들은 함께 있으면 자신이 아름답고 뛰어난 사람이라고 느끼게 해주는 사람과 관계를 맺고 싶어 한다.

한 번도 바람을 피우지 않은 사람은 많아도 한 번만 바람을 피우는 사람은 드물다.

169 질투를 다루는 기술

질투의 대상이 된다는 것은 저명한 사람들 모두가
물어야 하는 세금과도 같은 것이다.

-에머슨

◗

질투는 인간의 자연스러운 감정이다. 질투를 나쁘게 보는 것은 인간의 본성을 거스르는 것이다. 질투가 나쁜 것이 아니라 자신의 질투심을 다루는 행동이 나쁜 것이다. 질투는 가깝고 친한 사람에게서 나타나지, 모르는 사람이나 먼 사람에게는 무관하다.

친구가 나에게 질투를 느낀다고 해서 그 친구에게 문제가 있는 것이 아니듯이 친구에게 질투를 느낀다고 해서 내가 문제가 있는 사람이 아니다.

질투는 부끄러워할 것이 아니다. 성인군자라고 해서 예외는 아니다. 과도한 질투는 경계를 해야겠지만 약간의 질투는 서로 인정해주고 그것으로 인해 상대가 상처를 받지 않도록 최대한 배려해주는 것이 사랑의 길이다.

170 이기심이라는 미덕?

이기심은 미덕이 될 수 있다.
이기심은 생존에 필수적이며 생존 없이는 우리 자신보다
더 사랑하는 사람들을 지킬 수 없다.

- 듀크 엘링턴, 미국 피아니스트

이기심은 생존에 필수적이다.

이기심을 나쁜 것으로 보는 것은 인간의 본성을 무시하는 것이다.
모든 사람은 이기심을 가지고 있다. 이기심은 생명체로서 살
아가려는 의지이지 나쁜 것이 아니다.

인간관계가 어렵고 복잡하게 꼬이는 것도 이기심 때문이다.
모든 사람들이 이기적이라는 것만 인정해도 세상살이가 편해
진다. 상대의 이기심을 채워주고 내가 조금만 이타적으로 살
면 상대의 마음을 얻을 수 있다.

이기심이 원초적 욕망이라면 이타심은 진화된 욕망이다. 이타
적 행위 역시 자기 자신의 행복과 만족을 추구하려는 이기적인
발상이다. 그런 행동은 다른 사람들의 눈에 비치는 자신의 모
습을 의식하기 때문이다.

171 당신이 옳다면 화낼 필요가 없다

당신이 옳다면 화낼 필요가 없고,
당신이 틀렸다면 화낼 자격이 없다.

-마하트마 간디

◑

사람들은 자신의 뜻대로 세상이 돌아가길 바라며,
자신의 마음을 알아주고 뜻대로 하길 바란다.
하지만 그렇게 되지 않는 것이 세상의 이치다.
화가 나는 원인이 외부에 있다면 외부를 다스려야 하고
내부에 있다면 나를 다스려야 한다.
대부분 외부요인은 환경에 불과하고
화는 그것에 대한 자신의 판단에서 온다.

상대에게 잘못이 있다면 자신이 화를 낼 것이 아니라
평상심으로 부드럽게 말을 해야 한다.
잘못을 뉘우친다면 부드럽게 말을 해도 알아들을 것이고
그렇지 않다면 화를 내도 소용이 없을 것이다.

나쁜 감정은 없다

좋은 감정, 나쁜 감정이란 없다.
적합한 감정이 있을 뿐이다.

- 크리스텔 프티콜렝, 프랑스 작가, 심리치료사

◐

감정은 마음의 신호등이다.
신호등에 좋고 나쁜 것이 없듯이 감정도 그렇다.
감정에는 옳고 그른 것이 없지만 행동은 다르다.
자신의 감정을 드러내는 것은 자유이지만
행동에는 책임이 따른다.
감정을 제대로 표현하되 상대에게 상처를 주어서는 안 된다.
비 온 뒤에 땅이 굳는다지만 폭우가 온 뒤에는 땅이 파인다.
감정은 지나치게 억눌러도, 과도하게 분출해도 안 되며
적절하게 표현해야 한다.
감정을 억누르는 것은 자신에게,
분출하는 것은 상대에게 상처를 주는 것이다.
분노는 참는 것이 아니라 다스리는 것이다.
다스리면 사그라지지만
참으면 언제, 어떻게 폭발할지 모른다.

173 사랑에 그늘이 지면 질투

연애를 시작하면 질투가 시작된다.
질투는 항상 존재한다고 하지만 사랑을 시작하는 연인들은 상대에게
끊임없이 확인하고 물어보며
때로는 불안해져 상대를 미워하기도 한다.
연애는 어쩔 수 없는 초조한 마음이 항상 함께한다.
- 프란체스코 알베로니, 이탈리아 사회학자

사랑하는 사람이 나 외에 다른 사람에게 더 관심을 가지면 질투하는 마음이 생기는 것은 당연하다. 그것은 내가 상대를 생각하는 것만큼 상대가 나를 사랑하지 않거나, 언젠가는 나를 떠나지 않을까 하는 불안이 따르기 때문이다.

진화론자들은 질투를 진화의 산물로 본다. 남자는 자기 여자가 다른 남자와 관계를 맺어 그 사이에서 태어난 아이를 양육하게 될지도 모른다는 불안을 가지고 있고, 여자는 아이를 키우는 데 필요한 재화를 다른 여자에게 빼앗길지도 모른다는 불안을 가지고 있다. 이것이 질투의 원초적 출발점이라는 것이다.

사랑과 질투는 빛과 그림자와 같다.

사랑에 그늘이 지면 질투고, 질투에 빛이 들면 사랑이다.

질투는 사랑의 필요악이다. 사랑이 없으면 질투도 없다.

질투가 없으면 사랑이 아니라 우정이다.

174 집착

누군가가 오로지 한 사람만 사랑하고 다른 사람에게 무관심하다면,
그것은 사랑이 아니라 공생적 집착 또는
확장된 이기주의에 불과하다.

-에리히 프롬

사랑을 하는 데 가장 큰 장애물이 바로 집착이다.
술을 적당하게 마시는 것이 어렵듯이
집착에 빠지지 않고 사랑을 하기란 어렵다.
집착은 사랑의 왜곡된 열정이다.
사랑에 집착하는 순간 괴로움은 시작된다.
사랑에 집착할수록 사랑은 멀어지고
행복에 집착할수록 행복을 놓치게 된다.
건강한 사랑은 서로 신뢰하고 관심을 가지며 존중해주는 것이다.
반면에 집착에는 두려움과 소유욕 그리고 질투심이 있다.
사랑은 서로의 사생활을 지켜주며 서로의 생각과 행동을 존중
해 주지만 집착은 상대가 내가 원하는 방식으로 생각하고 행동
하기를 바란다.
사랑은 상대가 좋아하는 일을 할 수 있게 해주지만 집착은 내
가 원하는 것을 상대에게 강요한다.

175 잘하려고 할수록 왜 안 되나요

행복을 얻는 유일한 방법은 행복을 인생의 목표로 삼지 말고
행복 이외의 뭔가를 목적으로 삼는 것이다.

-존스튜어트밀

빅터 프랭클의 '역설적 의도 (Paradoxical Intention)'라는 것이
있다. 잠이 오지 않을 때 억지로 자려고 하면 잠은 더 오지 않
고, 다른 사람들 앞에서 긴장하지 않으려고 하면 더 긴장된다.
그럴 때는 거꾸로 해보면 좋다.

수면부족과 불면에 대한 근심은 잠들고자 하는 과잉의도를 가
져오고, 결과적으로 잠을 빼앗는다.

너무 잘하려고 하면 오히려 그르치기 쉽다. 어깨에 힘이 들어
가면 어떤 운동도 제대로 안 되는 원리와 같다. 친구 애인 앞에
서는 말을 잘하는 사람이 자기 애인 앞에서는 말을 더듬는다.
부담을 갖고 있기 때문이다.

억지로 숨기려 하지 말고 심리상태를 솔직히 인정하라. 다리
를 더 떨어보고, 얼굴을 더 붉혀보고, 땀을 더 흘려보자고 작
정을 하면 역설적으로 더 빨리 안정을 찾게 된다.

176 마음의 이중성

우리는 남이 행복하지 않은 것은 당연하게 생각하고
자기 자신이 행복하지 않은 것에 대해서는
언제나 납득할 수 없어 한다.

- 양귀자, 《모순》

◑

인간의 마음에는 요사스러운 면이 있다.
흔히 하는 말로 내로남불이라고 할까.
자신의 행복과 다른 사람의 불행은 당연하고,
다른 사람의 행복과 자신의 불행은
이해하지도 참지도 못한다.

자연은 공평하다. 좋은 것이든 나쁜 것이든
다른 사람에게 일어날 수 있는 일은 나에게도 일어날 수 있고,
나에게 일어나는 일은 다른 사람에게도 일어날 수 있다.
항상 나에게 행운만 있을 수는 없는 일이다.
만약 항상 행운만 일어난다면
그것은 일상이지 행운이 아니다.

177 욕망은 끝이 없다

인생에는 두 가지 비극이 있다.
하나는 가슴이 원하는 것을 성취하지 못하는 것이다.
다른 하나는 가슴이 원하는 것을 성취하는 것이다.

-조지 버나드쇼

◑

말이 수레를 끌듯이 욕망은 우리를 이끌고 가는 힘이다.
말을 죽이면 마차를 끌 수 없듯이 욕망을 죽이면 해탈하지 않
은 이상 살아갈 수 없다. 해탈은 욕망을 죽인 것이 아니라 말을
순하게 길들인 것이다. 인간의 자연스런 욕망을 부정할 필요
는 없다. 순하게 길들여 자신이 가고자 하는 방향으로 갈 수 있
어야 한다.
욕망이 없기를 바라는 것은 바다에서 파도가 없기를 바라는 것
과 같다. 중요한 것은 욕망을 대하는 자세다.

어떤 사람에게는 욕망을 따르는 것이 기쁨이지만
어떤 사람에게는 욕망을 다스리는 것이 기쁨이다.
행복은 욕망을 따라가는 것과 다스리는 것 사이 어딘가에 있
다. 작은 것을 채우고 나면 더 큰 것을 채우고 싶은 것이 욕망
이다. 욕망은 제어될 때 새로운 차원으로 승화된다.

178 때로는 역주행이 필요해

사랑한다는 말을 하기는 어렵지만
사랑한다는 말을 해놓고 사랑하지 않기는 더욱 어렵다.

- 이승우, 《사랑의 생애》

◑

생각이 말이 되고 말이 행동이 된다.
용기가 용감한 행동을, 사랑이 사랑의 행동을 만들지만
역(逆)도 가능하다.
용감한 행동을 통해서 용기가,
사랑의 행동을 통해서 사랑이 생기기도 한다.
행동이 감정을 끌어들인 것이다.

슬프기 때문에 울지만 울면 슬퍼진다.
기쁘기 때문에 웃지만 웃으면 기뻐진다.
감정도 이성의 지배를 받는다.
생각으로 행동을 바꾸기가 힘들면 거꾸로 해보라.
사랑해서는 안 될 사람에게
'사랑한다'는 말을 함부로 하지 말라.
정말 사랑에 빠질 수도 있으니까.

179 강박관념

어떤 것을 지나치게 거부하면 그대의 마음속에 그것이 중요한 위치를
차지하게 된다. 지나친 거부 자체가 그것을 중요하게 만들고
그대는 그것에 대한 강박관념에 시달리게 된다.

- 오쇼 라즈니쉬

원숭이를 생각하지 않는 사람에게
'절대 원숭이를 생각하지 말라'고 하는 순간
원숭이 생각이 떠오른다.
마음을 비우려고 할수록 욕심이 채워지고,
잠을 자려고 할수록 불면을 떠올린다.
마음은 키워드만 기억할 뿐
뒤에 나오는 말은 기억하지 못한다.
건강, 행복, 성공, 사랑, 마음의 평화가 목표가 되면
그것과 더 멀어진다.

술이나 담배를 끊겠다고 강하게 거부하면
오히려 욕구가 더 강해진다.
몸은 실제 상황과 생각의 차이를 구분하지 못하며,
모든 생각에 대해 그것이 사실인 것처럼 반응한다.

180 사람은 악기와 같다

사람은 악기처럼 다루어져야 한다.
민감한 현을 조율할 수 있는 삶의 지혜가 필요한 것이다.

-헨리 데이빗 소로우, 《나를 다스리는 것은 묵직한 침묵》

◐

어떤 악기든 좋은 소리만 내는 것은 없다.
좋은 소리를 내는 것은 악기를 잘 다루기 때문이고,
스크래치를 내는 것은 연주가 서툴기 때문이다.
연주자가 아무리 화가 나는 일이 있더라도
연주를 할 때 평상심으로 돌아가듯이
관계에서 감정을 다스리지 못하면
불협화음이 생기게 마련이다.
악기를 잘 못 다루어 잡음이 들리는 것은
연주자의 잘못이지 악기의 잘못이 아니다.

사람은 악기와 같다.
악기를 연주하면 고유의 소리를 내듯이
사람도 자극을 주면 그릇대로 반응한다.

181 후회

인생에서 후회하지 않겠다는 것은 매우 그릇된 생각이다.
후회는 의사결정을 개선해주는 메커니즘이며,
자신의 전략을 재고할 필요가 있다는 신호다.

-에이단 피니, 영국 심리학자

과거로 돌아간다면 후회하지 않고 살 수 있을까?
그렇지 않을 것이다. 후회는 더 나은 선택을 위해 필요하다.
후회가 나쁜 것이 아니라
과거의 잘못에 집착하는 것이 나쁜 것이다.
사람들은 후회를 바람직하지 않은 감정이라고 생각하지만,
심리학자들은 후회가 매우 유용한 감정이라고 말한다.
우리는 후회로 인해 인내심을 가질 수 있고,
유혹에서 벗어날 수 있으며,
같은 실수를 반복하지 않을 수 있다.
소크라테스는 '결혼은 해도 후회, 안 해도 후회' 라고 했다.
그렇다면 어떻게 해야 할까?

인간은 한 일을 후회하기보다는
하지 않은 일에 더 많이 후회한다고 한다.

결혼을 하고 후회하는 사람은 많은 경험을 얻고 후회도 하지만
결혼 안 한 것을 후회하는 사람은 단지 후회만 얻을 뿐이다.
그는 이런 말도 남겼다.
"반드시 결혼하라. 좋은 아내를 얻으면 행복할 것이다.
악처를 얻으면 철학자가 될 것이다."
악처와 살면서 철학자가 되었던 그의 자기합리화일까?

하지 않은 행동보다 한 행동에 대해 합리화하기가 더 쉽다.
한 행동에 대한 후회는 시간이 지나면서 희미해지지만,
하지 않는 행동에 대한 후회는 쉽게 사그라지지 않는다.
하고 싶은 일이 있으면 하라.
후회를 하더라도 하지 않고 후회하는 것보다 낫다.

감정과 이성의 적절한 조화

우리가 살아가면서 저지르는 실수의 절반은
이성적으로 생각해야 할 때 감성적이 되고,
감성적이어야 할 때 이성적으로 생각하기 때문에 생긴다.

— 존 철튼 콜린스, 영국 비평가

◑

과거에는 이상적인 남성상으로 문무를 겸비한 사람을 꼽았다.
남자가 너무 감성적이면 유약하게 보이고, 너무 이성적이면
인간미가 없어 보인다. 이성과 감성이 적절히 조화를 이루기
란 어렵다.

철은 단단하면 깨지기 쉽고 무르면 쓸모가 없다. 이를 보완하
기 위해 크래드(clad)강판이라는 것이 있다. 겉은 강하고 속은
무른 철판을 높은 온도와 압력을 통해 접합하여 만든 것으로
단단하면서도 쉽게 깨지지 않는다.

인간의 내면에는 수많은 감정이 흐른다. 물이 끓으면 넘치듯
이 감정도 한계치를 지나면 폭발한다. 그렇게 되면 이성이 감
정을 이길 수 없지만 그 전까지는 이성의 영역이다.

화는 내 생각대로 되지 않을 때 일어난다. 감정은 생각의 길
(道)이지만, 생각의 기준이 바뀌고 유연해지고 깊어지는 것은

이성의 영역이다.

내 안의 감정의 흐름을 잘 읽고 부정적인 감정은 적절하게 해
소해야 하겠지만 '이성은 감정을 이길 수 없다'며 감정의 흐름
에 모든 것을 맡겨버린다면 어떻게 될까?
감정은 사람들을 속박하는 강력한 힘이 있지만 학습된 이성은
감정을 조절하여 속박에서 자유롭게 한다.
감정이 보채는 아이라면 이성은 달래주는 어머니다.
아이가 울음을 터뜨리면 어머니도 어쩔 수 없다.

이성으로 통제되지 않는 감정은 위험하다. 생각이 내가 아닌
것과 마찬가지로 감정이 내가 아니라는 것을 인식하는 것이 이
성이다. 감정과 이성이 조화와 균형을 이루는 것이 성숙한 인
격이다. 열정과 냉정, 이상과 현실 사이의 적절한 조화를 이룰
수 있어야 한다.
집은 튼튼한 구조에 인테리어가 받쳐주어야 아름답다. 사람도
이성과 감성을 적절하게 갖추어야 인품이 우러난다.

어떤 진리도 사랑하는 사람을 잃은 슬픔은 해소시켜 주지 못한다.
우리는 슬픔을 고스란히 맛본 후에야, 그곳에서 무엇인가를
배울 수 있을 뿐이며, 그리하여 배운 것조차도, 차후에 다가오는
예기치 못한 슬픔에 대해서는 아무런 도움이 되지 못한다.

-무라카미 하루키, 《노르웨이 숲》

◑

다른 사람의 큰 슬픔에
어떤 말로 위로를 해야 할지 모를 때가 있다.
몸이 아픈 사람은 어떤 음식도 먹을 수 없듯이,
마음이 아픈 사람은
어떤 말로도 위로받을 수 없다.
박완서 작가는 1988년 사별한 지 얼마 되지 않아
아들을 잃는 참척을 겪었다.
그때 작가는 이렇게 말했다.
"참척을 당한 에미에게 하는 조의는
그게 아무리 조심스럽고 진심에서 우러나온 위로일지라도
모진 고문이요, 견디기 어려운 수모였다."

어떻게든 위로의 말을 해야 한다는 부담감에 한
어설픈 말이 오히려 상처를 줄 수 있다.

함께 있어주면서 손을 잡아주거나
가볍게 안아주는 것이 오히려 위로가 될 수 있다.
함부로 하지 말아야 할 말이 있다.

"시간이 약이야."
"넌 잘 이겨낼 수 있을 거야."
"신은 우리가 감당할 만큼의 시련을 준다."
"좋은 곳으로 갔을 거야."
"고인도 네가 슬퍼하는 걸 원치 않아."

상대의 아픔을 잘 알고 있다는 말도
함부로 해서는 안 된다.
물 밖에 있는 사람이 물에 빠진 사람의 마음을
잘 안다고 해서는 안 된다.

184 내 생각대로 살아가는 용기

생각하는 대로 살지 않으면
사는 대로 생각하게 된다.

-폴 발레리, 프랑스 시인, 철학자

◑

사람들이 자신으로 살아가지 못하는 이유는
철학이 없기 때문이다.
사회가 만든 규범대로 살면서
타인의 눈만 의식하며 살아가다 보면
매사에 타인이 나를 어떻게 볼 것인가를 먼저 생각하고,
타인의 태도에 쉽게 상처를 받게 된다.

스스로 생각하지 못하는 사람은
다른 사람의 영향력 아래 놓이게 된다.
다른 사람의 말을 듣되 참고만 하라.
최종 결정은 당신이 하라.

나 자신으로 살려면
타인의 욕망과 충돌할 때에는 내 손을 들어줄 수 있어야 한다.

타인에 대한 배려와 사랑도 필요하지만,
더 중요한 것은 나 자신이다.
모든 사람에게 좋은 사람이 될 수 없고,
항상 좋은 사람이 될 필요도 없다.
내 욕망에 충실하면서 좋은 사람에게는 좋은 사람이 되고
나쁜 사람에게는 나쁜 사람도 될 수 있는 용기가 있어야 한다.

다른 사람의 생각대로 사는 것은 만들어진 길을 가는 것이고,
내 생각대로 사는 것은 길을 만들면서 가는 것이다.
길을 만든다는 것은 기존의 것을 허무는 것이다.
내가 만든 길도
새로운 것이 나타나면 허물 수 있는 용기가 있어야 한다.

가끔 아내에게 까칠해졌다는 말을 듣는다. 짐작했던 일이다.
나답게 살려고 하는 사람은
미움은 아니더라도 사랑받지 않을 용기가 필요하다.
좋은 게 좋은 것이 아니라
나답게 사는 것이 좋은 것이라는 신념이 필요하다.

어제의 나보다 나아지면 돼

자연이 놀랍고 아름다운 까닭은 목련이 쑥잎을 깔보지 않고,
도토리나무가 밤나무한테 주눅 들지 않고,
오직 타고난 천성을 완성하기 위해 최선을 다하는 데 있지 않을까.

- 박완서, 《노란집》

자연은 누구를 닮으려고 하지 않고
자신의 모습으로 살아간다.
찔레는 장미와 비슷하지만 닮으려고 하지 않는다.
우리는 자신으로 살기 보다는
다른 누군가를 닮으려고 하고 비교하며 살아간다.
얼굴을 고치기도 하고 명품을 사기도 하지만
잠시 행복할 뿐이다.
타인의 가장 빛나는 순간과 나의 일상을 비교하고
친구의 빛나는 장점과 나의 약한 부분을 비교하는 건
옳은 비교가 아니다.
무력감이나 우울증으로 가는 지름길이다.
비교는 남이 아니라 과거의 나 자신과 해야 한다.
남보다 나은 것보다
어제의 나보다 나아지는 것이 더 중요하다.

186 나에게 맞는 길 찾기

가장 개인적인 것이
가장 창의적인 것이다.

-마틴 스콜세지, 미국 영화감독

◑

나침반이 흔들림 없이 북쪽을 바로 찾으면 의심해야 하듯
길을 너무 쉽게 찾았다면 의심해봐야 한다.
쉽게 찾아오는 행운도 한 번쯤 의심해봐야 한다.
기회를 가장한 먹이일 수도 있다.
자신의 길을 찾지 못하고
많은 사람들이 가는 길을 따라가는 사람들이 많다.
그런 길은 편하게 갈 수는 있지만
나에게 맞는 길이 아닐 수도 있다.
사람마다 발의 모양과 크기가 다르듯이
자신의 길이 다르다.
세상에서 가장 좋은 신발은 내 발에 맞는 것이다.
명품 구두라고 해도
내 발에 맞지 않으면 좋은 신발이 아니다.
명품을 찾지 말고 내 발에 맞는 구두를 찾아라.

187 지나치게 맑은 물에는 고기가 살 수 없다

창랑의 물이 맑으면 갓끈을 씻고
창랑의 물이 흐리면 발을 씻는다.

- 굴원, 중국 초나라 시인, 〈어부사〉

옳은 것에 집착하지 마라.
옳은 일만을 추구하다 보면 사람들에게 따돌림 당하기 쉽다.
지나치게 맑은 물에는 고기가 살 수 없다.
깨끗한 물에서만 살 수 없다.
지혜로운 사람들만 있는 것이 아니다.
맑은 물도 있고 흐린 물도 있다.
지혜로운 사람도 있고 무지한 사람도 있다.
지혜로운 사람에게는 배울 것을 찾고,
무지한 사람과는 거리를 두는 것이 좋다.
사람들이 취해 있는데 혼자만 깨어있기 어려울 때가 있다.
발을 씻어야 할 때이다.

188 나를 상징하는 단어

당신이라는 사람과 당신의 사명을 정의하는
한 단어를 찾는다면
당신이 원하던 삶이 성큼 다가오는 것을 느낄 수 있을 것이다.

- 라이언 홀리데이, 미국 사상가, 미디어전략가

나를 상징하는 단어는 '유쾌'다.
즐거움이나 행복보다는 더 적극적이면서 능동적인 개념이다.
나로 인하여 다른 사람이 즐겁고 웃을 수 있다면
그것이 내 존재의 의미이다.
이만기는 씨름이고, 백종원은 음식이며, 안도현은 시(詩)다.
나를 한 단어로 표현할 수 있다면 그 말이 내 브랜드가 된다.
공자는 자신의 삶을 관통하는 글자를
'충과 서' 두 글자로 요약했다.
충(忠)은 어떤 일을 할 때 마음의 중심에 두는 것이고,
서(恕)는 상대와 마음을 같이 하는 것이다.
어떤 글자를 마음에 품고 살면 삶이 그 글자를 닮아갈 것이다.
당신을 나타낼 수 있는 단어를 찾고 싶다면
먼저 자신이 어떤 사람인지 보라.
자세히 보면 당신의 본질이 보일 것이다.

삶에서 잔가지를 쳐내는 일

나는 대리석 안에 들어 있는 천사를 보았고,
그가 나올 때까지 돌을 깎아냈다.

-미켈란젤로

◐

집 앞 소나무를 전지할 때
추사 김정희의 〈세한도〉를 생각했다.
나무 하나를 버린다는 마음으로 과감하게 쳐냈다.
보기만 해도 답답하던 소나무가 본 모습을 드러냈다.
삶에도 잔가지 치기가 필요하다.
부수적인 것을 쳐내면 본질적인 것만 남는다.
소나무를 볼 때마다 잘했다는 생각이 든다.

예술이 일상을 바꿀 수 있다는 생각이 들었다.
삶의 잔가지를 치면 큰 가지가 보인다.
필요한 물건을 살 때 기분 좋은 포만감을 느낀다면
불필요한 물건은 버릴 때 내면의 충만감을 느낀다.

190 자기다움

인생의 목적은 사랑받는 사람이 되는 게 아니라
자기 자신이 되는 거란다.

-무라카미 하루키

◗

자신에게 맞는 것이 자기다운 것이다.

자기다움이란 편해야 한다.

불편한 것은 자기 것이 아니다.

오래 해도 편해지지 않는 것이 있다면 자기 것이 아니다.

그것이 물건이라면 버리고,

일이나 사람이라면 떠나는 것이 낫다.

멀리 가려면 자기답게 걸어야 한다.

큰 사람이 허리를 숙이는 것은 힘들다.

작은 사람이 뒷꿈치를 드는 것도 힘들기는 마찬가지다.

자신이 판단의 중심에 있다.

다른 사람의 말을 잘 듣는 것이 중요하다.

그보다 더 중요한 것은 자신의 말을 잘 듣는 것이다.

191 스스로 명품이 돼라

덜 갖고 더 많이 존재하라. 삶에서 중요한 것은
당신이 갖고 있는 소유물이 아니라
당신 자신이 누구인가 하는 것이다.

-스콧 니어링, 《아름다운 삶, 사랑 그리고 마무리》

우리나라 국민 1인당 명품 소비액이 세계 1위라고 한다.
꼭 이렇게까지 해서 자존심을 채울 필요가 있을까
하는 생각이 든다.
명품을 부러워하는 인생이 되지 말고
자신의 삶이 명품이 되게 하라.
명품보다 내면의 힘을 키우는 데 힘을 쓰라.
인정을 받으려는 욕망은 모두에게 있지만 지나치면 역효과다.
향수도 적당히 뿌리면 향이 좋지만 지나치면 눈살을 찌푸리게
하듯이 명품으로 자신을 너무 노골적으로 내보이는 사람은 스
스로 수준을 떨어뜨린다.
과시해야 알아줄 수준이라면 과시해도 한계가 있다.
알아줄 만한 사람은 과시하지 않음으로써 과시한다.
스티브 잡스는 언제나 검정색 티에 청바지를 입어도
스티브 잡스였다.

192 운명을 사랑하라

운명을 사랑한다는 것은 주어진 삶을 거부하는 것도 아니고
순응하는 것도 아니다. 그것은 '다시 태어날 수 없다'는
필연적인 사실과 마주하면서 동시에 주어진 생을 원망하지 않고
최대한 아름답게 만들려는 생산적인 삶의 자세이다.

-니체

◗

현재 나의 모습은 지금까지 살아온 역사다.
배경이나 외모, 지능을 두고 자부심을 가질 필요도 없고
열등감을 가질 필요도 없다.
여기에 있으면서 거기를 생각하고,
바꿀 수 없는 것에 미련을 두는 사람은 불행하다.
주어진 카드를 돌릴 수는 없지만 잘 운용할 수는 있다.
그것들은 그저 하나의 주어진 환경일 뿐이다.
바꿀 수 없는 것은 어쩔 수 없지만
내가 할 수 있는 일들이 많다.
받아들이면 사랑할 수 있고 사랑하면 극복할 수 있다.

운명을 거부한다면 과감히 바꾸고,
바꿀 수 없다면 받아들여라.
어떤 것을 선택하든 그것이 운명이 된다.

이런 사람

곧으나 너무 뻗지는 않고, 빛나나 눈부시게 하지는 않는다.

(直而不肆 光而不燿)

- 노자, 〈도덕경〉

◐

겸손하면서 때론 당당하고
비범함을 평범함으로 감출 줄 알고
가득 차면서도 약간 모자란 것 같고
부드러우면서도 내 색깔을 가지며
진지하면서도 유머가 있고
공감하지만 내 생각을 가진 사람,
말을 잘 하기보다 잘 들을 줄 알고
내일을 생각하지만 오늘을 잘 즐길 줄 아는 사람,
이런 것이 모순이며 불가능할 것 같았다.

나이가 들면서 불가능한 것이 아니라
점점 그런 사람이 되어가고 있다는 것을 느낀다.

194 자신의 참모습을 찾아라

행복은 더 많이 갖는 데 있지 않다.
먼저 나 자신으로 돌아가야 한다.
지금 이대로의 내 모습이 완벽한 것임을 알아야 한다.

- 무사 앗사리드, 말리 방송기자,《사막별 여행자》

내 안의 위대함과 유일성을 찾아라.
우주 안에서 나와 같은 사람은 오직 한 사람뿐이다.
우리는 나 자신 외에 그 누구도 될 수 없으며, 될 필요도 없다.
나에게는 창조자가 남긴 나만의 특성이 있다.
우리는 그 누구도 아닌 나만의 모습으로 살아야 한다.
좋은 삶이란 언제나 자신의 참모습을 추구하는 삶이다.
나의 현재 모습이 보잘것없어도
언젠가는 좋아질 것이라고 생각하며 기다려줄 수 있는 힘은
나에 대한 믿음에서 나온다.

195 다른 사람을 지나치게 의식하지 말라

다른 사람들이 날 어떻게 생각할까에 대한 불안에 대해서
이 점을 기억하세요. 당신을 사랑하는 사람은 거의 없으며,
일부는 당신을 싫어할 수 있으며,
그리고 거의 대다수의 사람들은 당신에게 관심을 두지 않습니다.

-알랭드보통

인간은 누구나 타인의 시선을 어느 정도 의식하지 않고 살 수는 없다. 이것이 지나치면 문제가 된다.

타인의 시선을 지나치게 의식하는 사람들은 자존감이 낮은 사람이다. 대개 성장기에 타인의 인정을 받지 못한 사람들이 많으며, 지나치면 나답게 살아가는 데 걸림돌이 된다.

웃고 즐길 수 있는 기회를 타인의 눈을 의식한 나머지 얼마나 많이 놓치고 있는가. 나만의 걸음으로 얼마든지 즐겁게 걸어갈 수 있는데도 다른 사람의 걸음에 맞추느라 얼마나 힘들게 걸어가고 있는가. 즐겁게 춤추고 노래할 수 있는데도 남을 의식하며 얼마나 무겁게 살아가고 있는가.

타인은 내가 생각하는 것만큼 나를 생각하지 않는다. 그런 타인들을 의식해서 내가 지나치게 그들을 의식할 필요가 없다.

문제는 '약점'이 아니라
'강점을 활용하지 못하는 것'이다

삶의 진정한 비극은 우리가 충분한 강점을 갖지 못한 데
있는 것이 아니라 이미 갖고 있는 강점을
충분히 활용하지 못하는 데 있다.

-벤자민 프랭클린

누구나 강점과 약점이 있다.
강점과 약점은 확실하게 구분되는 것이 아니라
사이의 경계가 희미하다.
살면서 문제는 약점에서 나오는 게 아니라
가진 강점을 잘 활용하지 못하는 데서 발생하기 마련이다.

강점도 잘 못 쓰면 문제가 되고 약점도 잘 쓰면 약이 된다.
약점은 숨길수록 커지고 강점은 드러낼수록 작아진다.
이순신에게는 조총이 없고 가진 배가 적은 것이 약점이었다.
대신 사거리가 먼 화포와 거북선, 판옥선이 있었고,
지형지물을 잘 아는 장점이 있었다.
장군은 약점 대신 강점에 집중하여 치밀한 사전준비와
자원을 최대한 활용하여 대승을 거두었다.

나를 나답게 만들어줄 질문

질문을 잊지 않으면 언젠가 그 답 안에서 살고 있는
자신을 만나게 될 것이다.

-라이너 마리아 릴케

◑

피터 드러커는 13세때 선생님으로부터
"죽어서 어떤 사람으로 기억되고 싶은가?"라는 질문에
바로 답하지는 못했지만 그 질문을 가슴에 품고 살았다.
그 결과 그는 '경영의 아버지' '현대경영의 창시자'로
기억되고 있다.
석가모니는 "인간은 왜 생로병사 하는가?" 라는
질문으로 6년간 고행 끝에 부처가 되었다.
그러면 나를 나답게 만들어 줄 질문은 무엇인가.
그 질문을 찾아야 한다. 내가 찾는 두 가지 질문은 이것이다.
'내가 가장 잘할 수 있는 것은 무엇인가?'
'죽기 전에 꼭 하고 싶은 일은 무엇인가?'
이 질문과 답은 살아 있는 동안 계속 된다. 매일 자신의 질문에
답을 찾다 보면 언젠가 자신이 그런 사람이 되어 있을 것이다.
인생은 내가 질문하고 그 질문에 답하는 과정이다.

198 체면이 행복의 걸림돌이다

나는 나의 일생을 통해서,
만약 조금만 체면을 희생할 준비가 되어 있다면
아주 쉽게 자신의 길을 갈 수 있다는 것을 발견했다.

-오쇼 라즈니쉬

우리는 많은 사람들 앞에서
말을 하거나 노래 부르는 것을 두려워한다.
1분 동안 자기소개를 할 기회가 생기면 어렵게 생각한다.
노래를 잘하는 사람도 사람들 앞에서는 마찬가지다.
말을 한다고 아나운서처럼 할 필요도 없고
노래를 한다고 가수처럼 부를 필요도 없다.
노래하다가 몸이 가는 대로 움직이는 것이 춤이다.
체면이 조금 구겨져도 괜찮다는 생각을 가진다면
더 많은 것을 즐길 수 있다.
노래하고 춤추며 웃을 기회가 많지만
체면 때문에 하지 못할 때가 많다.
그렇게 살면서 사는 게 재미없다고 한다.
나는 노래를 못하지만 필요하다면 언제든지 부른다.
앵콜을 세 번이나 받은 적도 있다.

199 막춤도 어렵다

먼저 춤을 추세요. 그리고 생각은 나중에 하세요.
이것이 자연스런 순서랍니다.

- 사무엘 베케트, 아일랜드 소설가

춤을 한 번도 배운 적이 없다.
마음이 가는 대로, 몸이 가는 대로 막 춘다.
몸과 마음이 따로 놀 때가 많다. 그래도 신난다.
보는 사람이 더 신나는 것 같다.
안경알이 빠지는 줄도 모르고 춘 적도 있었다.
마음대로 하는 것이 가장 쉬울 것 같지만
"네 마음대로 해."라고 할 때가 가장 어렵다.
막춤도 그렇다. 쉬워 보이지만 어렵다.
그때그때 다르기 때문이다.

막춤은 어떻게 폭발할지 모르는 불꽃과 같다.
막춤을 어떻게 추느냐고 물으면 할 말이 없다.
잘 가는 지네에게 어떻게 걷는지 묻는 순간
지네의 걸음이 꼬이는 것과 같다.

막춤이라고 아무 생각 없이 추는 게 아니다.
중요한 것은 느낌을 알아차리는 것이다.
막할 때 자신의 본성이 드러나듯이
막춤을 출 때 자신의 개성이 드러난다.
어느 것에도 매이지 않고 음악과 내면의 흐름에 의해
물결 가는 대로 몸을 맡기는 것이 막춤이다.
가끔 막춤을 배우려는 사람이 있다.
배우거나 가르쳐줄 수 있으면 막춤이 아니다.
그때마다 달라지는 마음을 잡을 수 없듯이
막춤이 어떤 모습이 될지는 아무도 모른다.

막춤을 더 잘 춰보려고 연습을 한 적이 있었다.
효과가 없었다. 오히려 더 안 되었다.
막춤은 세 살 아이가 말을 하는 것과 같다.
아는 단어 몇 개로 말하다 보면 말이 안 될 때가 있고,
어쩌다가 자신도 모르게 툭 튀어나온 말이
놀랄 만한 문장이 되기도 한다.

막춤은 유머에 가깝다.
유머가 외워서 하는 것이 아니라
순발력과 센스에서 나오듯이
막춤은 테크닉보다 열정에서 나오며,
자신이 좀 망가져도 괜찮을 정도의 내공이 있어야 할 수 있다.

⬢200 타인의 평가

다른 사람들이 당신에 대해 어떻게 생각하는지를 걱정하는 한,
당신은 그들에게 소유된 셈이다. 외부의 승인을
필요로 하지 않게 될 때 비로소 당신은 스스로의 주인이 될 수 있다.

-닐 도날드 월시, 미국작가

◑

같은 날 같은 장소에서 한 사람은 날씬해졌다고 하고
또 한 사람은 살이 쪘다고 한다.
내 체중은 그대로인데 사람마다 보는 눈이 다르다.
"글은 잘 쓰는데 말은 못한다."고 하는 선배도 있고,
"말을 잘하는데 정치를 해보지 않겠냐?"고 하는 친구도 있다.
다른 사람의 눈을 지나치게 의식할 필요 없다.
지나가는 바람처럼 생각하라.
하루에도 수많은 바람이 부는데
그때마다 옷깃을 고치고 머리를 만지면 힘들 것이다.
누구나 좋은 평가를 듣길 원한다.
중요한 존재가 되고 싶고,
좋게 봐주길 원하기 때문이다.
그러나 평판에 너무 신경 쓰다 보면
타인에게 얽매이게 된다.

내면의 힘이 강한 사람

남에게 자기를 설명하려고 하는 충동은
한마디로 자기 자신에 대한 자신감의 결여를
반증하는 것입니다.

-신영복,《감옥으로부터의 사색》

행복한 사람은 남의 눈을 보지 않고 자신의 내면을 본다.

행복하게 보이고 싶은 사람은 행복하지 않다.

강하게 보이고 싶은 사람은 강하지 않다.

강한 사람은 남에게 그렇게 보일 필요가 없다.

있는 것처럼 보이고 싶은 사람은 부자가 아니다.

그런 마음을 가질 필요가 없어야 진짜 부자다.

내면의 힘이 강한 사람은 싸우려고 하지 않는다.

굳이 상대를 이기려고 할 필요가 없다.

내면의 힘을 키우려면 시선을 외부에서 내면으로 돌려야 한다.

내면의 힘이 강한 사람은 외면의 힘이 없다고 위축되지 않는다.

인류의 스승들은 외면의 힘보다

내면의 힘이 강한 사람들이었다.

202 인생이 한 편의 영화라면

우리는 눈물을 사랑하되 헤프지 않게,
가지는 멋보다 풍기는 멋을 사랑하며, 냉면을 먹을 때는 농부처럼
먹을 줄 알며, 스테이크를 자를 때는 여왕보다 품위 있게, 군밤을 아이
처럼 까먹고, 차를 마실 때는 백작부인보다 우아해지리라.

- 유안진, 《지란지교를 꿈꾸며》

삶이 한 편의 영화라면 나는 감독이자 배우다.
정해진 각본은 있지만 애드리브도 가능하다.
중요한 것이 연기(演技)다.
나에게 주어진 모든 역할을 다 해보고 싶다.
악역도 마다하지 않겠지만 가능하다면 코믹 연기를 하고 싶다.
주연도 좋지만 빛나는 조연도 어울릴 것 같다.
배우로서의 성공은 배역이 아니라
얼마나 충실하게 연기를 했는지에 따라 갈린다.
스릴이 넘치지는 않아도 잔잔한 감동을 주는 영화를 만들고 싶다.
영화를 너무 길게 만들지는 않겠다.
만약 길어진다면 끝부분을 더 재미있게 만들어
해피엔딩으로 하겠다.
영화가 끝났을 때 아름다운 추억으로 남았으면 좋겠다.

203 당신은 어떤 사람입니까?

언제나 나는 근사한 누군가가 되기를 바랐지만,
문제는 그 바람이 좀 더 구체적이어야 했다는 점이다.

- 릴리 톰린, 미국 배우

◐

가장 대답하기 어려운 질문이 있다.

"당신은 어떤 사람입니까?"

직업을 말하는 사람이 가장 많다. 옷이 내가 아니듯

직업은 내가 아니다. 얼마든지 바뀔 수 있다.

쉽게 바뀌지 않는 자신의 본성, 추구하는 가치가 자신이다.

자신의 한 면만 아는 것은 아는 것이 아니다.

자신을 현명하다고 생각하는 사람은 현명한 사람이 아니다.

밝은 면만 보았기 때문이다.

어리석다고 생각하는 사람은 정말 어리석은 사람이다.

가능성을 보지 못했기 때문이다.

밝은 면과 어두운 면을 다 볼 수 있는 사람이 잘 본 사람이다.

대부분의 불행은 자신을 모르는 데서 온다.

이 질문에 쉽게 대답할 수 없어도 계속 물어라.

질문을 할 때마다 당신에게 더 가까이 다가설 수 있다.

204 나다워지는 것

우리는 나이가 들면서 변하는 게 아니다.
보다 자기다워지는 것이다.

-린 훌, 작가

◑

배에 구멍이 생겨 물이 들어온다면 가지고 있는 물건 중에서 중요하지 않은 것부터 버려야 하듯이 죽음이 가까워지고 있는 상황에서 무엇이 중요한지 알게 된다. 무성한 잎에 가려진 나무가 겨울이 되면 본 모습이 다 드러나듯이 사람도 그렇다. 살아가기 위해 입어야 했던 옷을 벗을 때 자신의 모습이 드러난다. 나이가 든다는 것은 삶의 경중(輕重)과 완급(緩急)을 조절할 수 있는 안목이 생긴다는 것이다.

성숙한 삶은 부수적인 것들을 매일 걷어내는 것이다.
살아오면서 부득이 숨겨야 했던 본모습을 인생의 후반에는 드러내야 한다. 그때의 모습이 진정한 자신의 모습이다.
한평생 살면서 자신의 진정한 모습이 어떤 것인지, 자기다운 것이 어떤 것인지 모르고 사는 것은 평생 곁에 두고 읽은 책의 내용을 모르는 것보다 더 무지한 것이다.

205 나는 내가 선택한 결과

나는 내게 일어난 일의 결과가 아니라
내가 선택한 결과이다.

-칼융

◑

나답게 살려면 먼저 자신의 한계를 인식하고 받아들여야 한다.
나의 출생 배경, 외모, 지능이나 재능에 따라
삶이 어느 정도 결정되는 것은 사실이다.
그렇다고 자부심을 가질 필요도, 열등감을 가질 필요도 없다.
그것들은 그저 주어진 환경일 뿐이다.
환경은 주어진 것이지 선택한 것은 아니다.
나를 결정하는 것은 나의 선택들이다.
이미 정해진 것보다 내가 선택할 것이 훨씬 더 많다.
부모는 내가 선택할 수 없지만 배우자는 선택할 수 있다.
태어난 환경은 선택할 수 없지만 살아갈 환경은 선택할 수 있다.

외모는 선택할 수 없지만 밝은 표정으로 살아가는 것은 선택이
다. 나에 대한 다른 사람들의 생각과 반응은 내가 선택할 수 없
지만 그에 대한 반응은 선택할 수 있다.

206 나의 길을 가는 신념

다수는 최선의 길이다.
다수는 명백하고 복종시킬 힘을 가지고 있기 때문이다.
그러나 가장 무지한 사람들의 의견이다.

- 파스칼

◗

참새나 얼룩말들은 무리를 지어 다니지만
사자나 독수리는 혼자 다닌다.
몇 백 년 전만 하더라도 대부분 사람들이
지구는 편평하다고 생각했다.
집단지성이 힘을 발휘할 때도 있지만
역사의 흐름을 바꾼 것은 언제나 소수였다.
빨간불에서 다수가 건너더라도 건너지 않을 수 있어야 하며,
혼자 자신의 길을 갈 수 있는 신념이 있어야 한다.

타인의 의견을 존중하는 것과 따르는 것은 다르다.
타인의 조언을 받아들이되 무비판적이어서는 안 된다.
자신이 다수의 편에 서있다고 생각할 때는 잠시 돌아보라.
확신이 부족할 때는 다수의 의견에 따르되
그렇지 않을 경우에는 자신의 길을 가는 것이 바람직하다.

나쁜 날씨란 없다

세상에 명언은 수없이 많지만 모든 것을 다 알 수 없고,
다 알 필요도 없습니다.
붙잡아서 나의 것으로 만들고 싶은 것도 있고
한 번 보고 지나가도 될 것도 있습니다.
이 책에 실을 명언을 고르는 기준은 두 가지였습니다.

첫째는 생각과 행동을 바꿀 수 있는 것,
둘째는 외울 수 있을 정도로 짧은 것이었습니다.
긴 것은 핵심 문장만 가져왔습니다.
문학작품이나 영화 속에서도 찾았고,
빛바랜 일기장에서 건진 것도 있습니다.
많이 알려져 있는 것,
너무 추상적이거나 포괄적인 것,
지극히 도덕적이거나 교훈적인 것은 제외했습니다.

좋은 명언이지만 더 보태면
사족이 될 수 있는 것도 뺐습니다.

예쁘고 향기로운 꽃들로 가득한 꽃길도
그냥 스쳐 지나가면 향기를 맡지 못하듯이
명언이 내 삶에서 살아 있기 위해서는
마음속에 오래 품어야 합니다.

길이 없는 곳에도 자주 걷다 보면 길이 생기고
물이 오래 떨어지는 곳에 웅덩이가 생기듯이
명언을 오래 품고 살다 보면 내 안에 길이 생기고
웅덩이에 물이 고일 것입니다.
그 길이 나의 길이 되고,
그 물이 삶의 갈증을 축일 수 있는 감로수가 되길 바랍니다.